THE LEGEND OF GODDESS BAGLAMUKHI - HINDI EDITION

देवी बगलामुखी की अद्भुत लीलाएं

--- स्वर्णमयी प्रकाश की सुरक्षा ---

माँ बगलामुखी का आह्वान: अष्टोत्तर शतनाम स्तोत्र की अमोघ शक्ति से

(देवी माँ के 108 नामों के गूढ़ रहस्यों का अनावरण)

लेखिका:
दीपिका अरोड़ा

माँ बगलामुखी की अद्भुत लीलाएं

अस्वीकरण और कॉपीराइट

लेखिका ने इस किताब को त्रुटिहीन और ज्ञानवर्धक बनाने का हर संभव प्रयास किया है। इसमें प्रस्तुत व्याख्याएँ और विचार लेखिका के अपने मौलिक चिंतन और शोध का परिणाम हैं, जिन्हें सभी धर्मों, समुदायों और व्यक्तिगत मान्यताओं के प्रति पूर्ण सम्मान के साथ लिखा गया है। इन व्याख्याओं का उद्देश्य पाठकों को एक नया नज़रिया प्रदान करना और उनकी आध्यात्मिक यात्रा में सहयोग करना है।

यह किताब लेखिका की व्यक्तिगत अंतर्दृष्टि पर आधारित है और केवल जानकारी के उद्देश्य से लिखी गई है। यह स्वास्थ्य, चिकित्सा, कानूनी या किसी भी प्रकार की पेशेवर सलाह का विकल्प नहीं है। यह किसी भी स्थिति का निदान, उपचार या निवारण नहीं करती है।

इस किताब को पढ़कर आप यह स्वीकार करते हैं कि लेखिका किसी भी प्रकार की आध्यात्मिक या चिकित्सीय सेवाएं प्रदान नहीं कर रही हैं। किताब में दी गई जानकारी की सटीकता या इसके उपयोग से होने वाले किसी भी व्यक्तिगत नुकसान, जोखिम या क्षति के लिए लेखिका उत्तरदायी नहीं होंगी।

हिंदी अनुवाद में भाषा को सुगम और सरल बनाया गया है, ताकि मूल अर्थ और भाव पूरी तरह सुरक्षित रहें।

विस्तृत संस्करण: अप्रैल, 2026

www.aroradeepika.com

"जब भी मैं दुनिया के शोर से बेचैन या परेशान महसूस करती हूँ, मैं अपनी आँखें बंद कर लेती हूँ और खुद को जगत-जननी की गोद में पाती हूँ। शांति के उन कुछ पलों में, एक प्यारा जुड़ाव होता है—मुझे देवी माँ का आलिंगन महसूस होता है, जो पूरी सृष्टि का आधार हैं, और उसी समय, मुझे अपनी माँ का अहसास भी होता है, जिन्होंने मुझे यह जीवन दिया और इस दुनिया में लाई।

इन दोनों माताओं की चेतना में विश्राम करने से मुझे गहरी और अटूट शांति मिलती है। यह हकीकत का सामना करने का एक तरीका है, जो मेरी आत्मा को फिर से ऊर्जावान बनाता है। यह मुझे स्थिरता देता है, मेरे मन को साफ़ करता है, और मुझे हर चुनौती का सामना करने की आंतरिक शक्ति देता है। उनकी गोद में, मुझे याद रहता है कि हर कठिन परिस्थिति में भी, मैं हमेशा सुरक्षित हूँ, मुझे थामे रखा गया है, और मेरे पास आगे बढ़ने का स्पष्ट मार्ग है।"

यह किताब आपको समर्पित है।

जिज्ञासुओं के लिए एक संदेश

मैंने अपने जीवन के पच्चीस साल उत्तर भारत में बिताए, हिमाचल प्रदेश के बणखंडी में बगलामुखी मंदिर के पास। इस दिव्य ऊर्जा के साए में पलते हुए, मैंने देखा कि कैसे मान्यताएं देवी के प्रति हमारी सोच बनाती हैं। बहुत लोगों के लिए, "बगलामुखी" नाम में एक भारी, बिजली जैसा डर है—एक ऐसा नाम जिसे लोग डर के साथ लेते हैं।

यह एक बहुत आम धारणा है कि माँ मात्र 'क्रियाओं' की देवी हैं—कि वे एक ऐसा हथियार हैं जिसका इस्तेमाल 'स्तम्भन', 'मारण', 'उच्चाटन' या 'मोहन' के लिए किया जा सकता है। इस नज़रिए से, साधक अक्सर उनके पास शॉर्टकट, चमत्कारी शक्तियाँ या बाहरी परिस्थितियों को अपने नियंत्रण में लाने की इच्छा लेकर आते हैं। लेकिन ये विचार गहरी गलतफहमियों पर आधारित हैं। इन अवधारणाओं का असली स्वरूप बहुत कम लोग समझ पाते हैं, और माँ की भूमिका उससे कहीं अधिक गहरी है।

हमें समझना चाहिए कि महाविद्याएं—जिनका एक रूप माँ बगलामुखी हैं—डर की शक्तियाँ नहीं हैं। वे ब्रह्मांडीय ऊर्जा के ज्ञान के दस बड़े पहलू हैं। डर पालकर हम खुद को इस अनंत ज्ञान से दूर कर लेते हैं। यह डर एक पर्दा है, जो हमें उनकी रोशनी से दूर रखता है। मैं आपको इस डर से आगे बढ़ने का निमंत्रण देती हूँ, क्योंकि महाविद्याएं हमें डराने के लिए नहीं, बल्कि हमें जगाने के लिए हैं।

माँ अहंकार का हथियार नहीं हैं, और न ही वह ऐसी शक्ति हैं जिन्हें हम अपनी स्वार्थ सिद्धि के लिए बुला सकें। अक्सर हम अपनी असुरक्षाओं के कारण उनकी ओर देखते हैं—दुश्मनों से बचने के लिए ढाल ढूंढते हैं या चमत्कार चाहते हैं ताकि हमें मेहनत न करनी पड़े। बगलामुखी हमारे डर को सही ठहराने के लिए नहीं हैं; वह उन्हें मिटाने के लिए हैं, ताकि हम उस सच तक पहुँचें जिसे किसी बचाव की जरूरत नहीं है।

वह एक दयालु माँ हैं जो समझती हैं कि हम कैसे खुद का नुकसान कर लेते हैं। वह देवी शक्ति का वह रूप हैं जो बिना आवाज वालों को ताकत देती हैं। वे वह ऊर्जा हैं जो हमारे फालतू के डर को तोड़ती हैं, और हमें सच बोलने का साहस देती हैं, तब भी जब दुनिया हमसे चुप रहने को कहे। उनकी शांति निष्क्रिय नहीं है; यह हमारी आंतरिक शक्ति की नींव है।

वह उन लोगों को भी नुकसान नहीं पहुँचाती जिनके प्रति हमारे मन में नाराजगी है; बल्कि, वह एक माँ की तरह अनुशासन सिखाती हैं, क्योंकि वे भी उनकी संतान हैं। वह उनकी उथल-पुथल

को शांत करती हैं, उनका रास्ता सही करती हैं, और उन्हें वह ज्ञान देती हैं जो उनमें कमी है, या उनके द्वारा फैलाई जा रही अराजकता को रोकती हैं ताकि और नुकसान न हो। और अगर वह विनाश को चुनती भी हैं, तो यह पूरी तरह से उनका निर्णय है—एक ऐसा अंत जो किसी कड़वाहट से नहीं, बल्कि सही समय आने पर ईश्वरीय सुधार के लिए होता है। यह बगलामुखी ऊर्जा का असली रूप है—एक दिव्य हस्तक्षेप जो हम सबको बचाता है क्योंकि यह हमारे और दूसरों के मन से बाधाओं को हटा देता है।

यदि आपने यह किताब इसलिए उठाई है कि आपको चमत्कारिक शक्तियों, विचलित पद्धतियों, या दूसरों से बदला लेने के उपाय मिलेंगे, तो मुझे सच कहना होगा: यह किताब आपकी उन उम्मीदों को पूरा नहीं करेगी। आपको इन पन्नों में ऐसे हथियार नहीं मिलेंगे, क्योंकि माँ बगलामुखी के असली रूप में इनका कोई स्थान नहीं है। यह काम अहंकार के लिए नहीं लिखा गया है; यह उस आत्मा के लिए है जो गहरा जुड़ाव चाहती है।

मुझे लगा कि इस किताब को लाना बहुत जरूरी है, ताकि उन डर और अंधविश्वास की दीवारों को तोड़ा जा सके जिन्होंने साधकों को माँ की असली रोशनी से दूर रखा है। मैंने उनके 108 नामों को समझाया है। ये मंत्र स्वार्थपूर्ण लाभ के साधन होने के बजाय, उनके दिव्य स्वभाव का एक मानचित्र हैं। इनका उद्देश्य आपको यह समझाना है कि वह कौन हैं और वह क्या करती हैं—ताकि आपको एहसास हो कि वह भय उत्पन्न करने वाली कोई सत्ता नहीं हैं, बल्कि एक ऊर्जा हैं जिन्हें हमें महसूस करना है।

मेरी पूरी उम्मीद है कि यह किताब आपको अंधविश्वास की जंजीरों से आजाद करेगी, आपको डर के धुंध से बाहर निकालकर माँ की साफ और रोशन शांति तक ले जाएगी। मेरी प्रार्थना है कि देवी माँ आपको आशीर्वाद दें, अपनी कृपा में रखें, और प्रकाश की ओर आपका रास्ता रोशन करें।

गहरी श्रद्धा के साथ,

दीपिका

आभार

यह किताब उस दिव्य स्रोत की देन है, जो प्रेरणा और रचनात्मकता का असली आधार है। मैं उस दिव्य शक्ति के प्रति बहुत आभारी हूँ जिसने इस पूरी यात्रा में मेरा मार्गदर्शन किया और मेरे रास्ते को रोशन किया।

साथ ही, मैं अपने परिवार, गुरुओं और शुभचिंतकों का दिल से शुक्रिया अदा करती हूँ। उनके अटूट समर्थन और प्यार ने मुझे इस किताब को लिखने के पूरे सफर में ताकत और हिम्मत दी। उनका मेरे जीवन में होना मेरे लिए किसी वरदान से कम नहीं है।

प्रस्तावना

माँ बगलामुखी की ऊर्जा के साथ जुड़ना केवल किसी बाहरी सिद्धि को प्राप्त करने का मार्ग नहीं है, बल्कि यह अपने भीतर छिपी हुई उस अपार शक्ति को पहचानने की प्रक्रिया है, जो हर विपरीत परिस्थिति में हमें अडिग रखती है।

जब मैंने पहली बार माँ के इस स्वरूप पर लिखना शुरू किया था, तो मेरा उद्देश्य बहुत सरल था—उन भ्रांतियों को दूर करना जो अक्सर उनके नाम के इर्द-गिर्द बुनी जाती हैं। समाज में एक आम धारणा है कि माँ बगलामुखी केवल 'स्तम्भन' या 'शक्ति प्रदर्शन' की देवी हैं। लेकिन इस विस्तारित संस्करण के माध्यम से, मैं उन सभी पाठकों को एक अलग दृष्टिकोण प्रदान करना चाहती हूँ।

यह किताब केवल पौराणिक कथाओं का संग्रह नहीं है, बल्कि यह एक 'सुरक्षा कवच' को बुनने का प्रयास है। इस संस्करण में, मैंने उन अनुभवों और शोधों को जोड़ा है जो मैंने अपनी लेखन यात्रा के दौरान महसूस किए। यह किताब आपको सिखाएगी कि कैसे बाहरी नियंत्रण की इच्छा को छोड़कर, हम अपनी आंतरिक शांति और आत्म-नियंत्रण को विकसित कर सकते हैं।

इस यात्रा में, आप यह समझेंगे कि माँ की कृपा का असली अर्थ शत्रुओं को नष्ट करना नहीं, बल्कि उन आंतरिक शत्रुओं—जैसे भय, शंका, और असमंजस—को शांत करना है जो हमारी प्रगति में बाधा बनते हैं।

मैंने इस किताब को अत्यंत सरल और हृदय के करीब रखने का प्रयास किया है, ताकि जो भी साधक या भक्त इस मार्ग पर चलना चाहते हैं, वे माँ के साथ एक व्यक्तिगत और गहरा संबंध स्थापित कर सकें।

यह किताब मेरी नहीं, बल्कि उन सभी की है जो सच्चाई की खोज में हैं और जो जीवन की चुनौतियों का सामना एक सशक्त और दिव्य दृष्टिकोण के साथ करना चाहते हैं। मुझे विश्वास है कि यह 'विस्तृत संस्करण' आपकी आध्यात्मिक यात्रा में एक मार्गदर्शक का कार्य करेगा।

आपकी आध्यात्मिक यात्रा मंगलमय हो।

— दीपिका

विषय-सूची

माँ बगलामुखी को जानने की यात्रा पर चलें। उनके मुख्य रहस्यों और उनके 108 नामों के महत्व को खोजें। आध्यात्मिकता में उनके स्थान, उनकी विरासत और शरीर के चक्रों के साथ उनके गहरे जुड़ाव को समझें।

पीताम्बरा - पीताम्बरा

"जिसकी सुनहरी गोद में हर भय थम जाए, उस बगलामुखी की शरण में हैं हम, जो शत्रु का संहार करे और हमें निडर बनाए...."

किताब के बारे में

यह किताब माँ बगलामुखी के स्वरूप को समझने का एक विनम्र प्रयास है, जो हिंदू परंपरा में एक बहुत ही महत्वपूर्ण और रहस्यमयी देवी मानी जाती हैं। इसमें उनकी पौराणिक कथाओं, उनके प्रतीकों, पूजा की विधियों और आज के समय में उनकी प्रासंगिकता पर प्रकाश डाला गया है। यह कोई बहुत बड़ी बौद्धिक किताब नहीं है, बल्कि एक भक्तिपूर्ण भेंट है, जिसमें मैंने अपने शोध के साथ-साथ अपने निजी अनुभवों और सीख को जोड़ा है। इसका उद्देश्य माँ बगलामुखी की अद्भुत शक्ति और कृपा को आप तक पहुँचाना है। इसमें तंत्र से जुड़ी कुछ गलतफहमियों को दूर करने की भी कोशिश की गई है। इस किताब का मुख्य हिस्सा माँ बगलामुखी के 'अष्टोत्तर शतनाम स्तोत्र' (108 नामों) का गहरा अर्थ है, जो 'रुद्रयामल तंत्र' से लिया गया है। इसे कोई भी व्यक्ति पूरी श्रद्धा और विश्वास के साथ जप सकता है; इसके लिए किसी विशेष दीक्षा की आवश्यकता नहीं है।

हिंदू धर्म और विशेषकर तंत्र परंपरा में माँ बगलामुखी का स्थान बहुत ही अनोखा और शक्तिशाली है। उन्हें दस महाविद्याओं में से एक माना जाता है और वे मुख्य रूप से 'स्तम्भन' की शक्ति से जुड़ी हैं, जिसका अर्थ है—किसी भी नकारात्मकता, बाधा या बुराई को 'रोक देना' या 'स्थिर कर देना'। इस शक्ति का आह्वान प्रायः शत्रुओं को शांत करने, संदेहों को दूर करने और आंतरिक व बाहरी बाधाओं को पार करने के लिए किया जाता है। उनका महत्व केवल सुरक्षा तक सीमित नहीं है; वे सत्य और न्याय की शक्ति भी हैं। जो लोग जीवन की मुश्किलों, कानूनी परेशानियों या निजी झगड़ों से परेशान हैं, उनके लिए माँ की पूजा बहुत फलदायी है। माँ बगलामुखी की ऊर्जा भक्तों को अपनी वाणी, विचारों और कार्यों पर नियंत्रण पाने में मदद करती है, जिससे जीवन में स्पष्टता आती है।

कथाओं के अनुसार, माँ बगलामुखी को 'त्रिपुर सुंदरी' का ही एक रूप माना जाता है। सतयुग में जब एक भयंकर तूफान आया था, तब भगवान विष्णु ने त्रिपुर सुंदरी की सहायता मांगी थी। विष्णु जी ने 'हरिद्रा सरोवर' (हल्दी के जल वाला तालाब) के किनारे कठोर तपस्या की। उनकी सच्ची भक्ति से प्रसन्न होकर, त्रिपुर सुंदरी ने बगलामुखी के रूप में अवतार लिया और सरोवर से प्रकट हुईं। माँ ने उस विनाशकारी तूफान को शांत किया और पूरे ब्रह्मांड में फिर से शांति और व्यवस्था स्थापित की।

माँ बगलामुखी के साथ मेरा सफर मेरे जीवन के एक बहुत ही कठिन दौर में शुरू हुआ। उस समय मैं बाहरी और आंतरिक नकारात्मकता से बुरी तरह घिरी हुई थी। शांति और इन समस्याओं से बाहर निकलने का रास्ता खोजने के लिए मैं हिमाचल प्रदेश के बगलामुखी मंदिर गई। उस पवित्र स्थान पर जाने और माँ के नाम के जाप से मुझे बहुत गहरा सुकून और मजबूती मिली। इस अनुभव ने मुझे माँ के बारे में और जानने के लिए प्रेरित किया। इसी दौरान मुझे 'ललिता सहस्रनाम' और 'श्री विद्या' की शिक्षाओं को जानने का सौभाग्य मिला, जिससे माँ बगलामुखी के प्रति मेरा जुड़ाव और गहरा हो गया।

यह किताब मेरी उसी जिज्ञासा का फल है, और साथ ही उन लोगों के साथ बगलामुखी की परिवर्तनकारी शक्ति को साझा करने की आकांक्षा भी है जो समान चुनौतियों से जूझ रहे हैं। यह उस यात्रा की एक छोटी सी भेंट है जहाँ मैंने माँ की गोद में शरण ली। मेरी आशा है कि अपने अनुभव और सीख साझा करके, मैं दूसरों को भी माँ बगलामुखी की ऊर्जा से जुड़ने और वही मजबूती पाने में मदद कर पाऊँगी जो मुझे मिली थी।

यह किताब हर तरह के पाठकों के लिए है। इसमें माँ बगलामुखी के वे भक्त शामिल हैं जो उनकी कथाओं और साधना को गहराई से समझना चाहते हैं; आध्यात्मिक साधक जो तंत्र और महाविद्याओं के रहस्यों को जानना चाहते हैं; वे लोग जो जीवन में उन्नति और दैवीय मार्गदर्शन की खोज में हैं; और वे विद्वान जो भारतीय देवी-देवताओं के विभिन्न पहलुओं के बारे में विस्तार से जानना चाहते हैं।

इस किताब के माध्यम से पाठक माँ बगलामुखी को पूरी तरह समझ पाएंगे। इसमें माँ की पौराणिक उत्पत्ति, उनके प्रतीकों और उनके दिव्य स्वरूप की गहरी व्याख्या है।

इसमें माँ के विभिन्न रूपों और उनके हाथों में मौजूद वस्तुओं के दिव्य महत्व को समझाया गया है। साथ ही, उनके पवित्र नामों के सीधे जप द्वारा उनकी ऊर्जा का आह्वान करने की सरल विधि दी गई है। यह भी बताया गया है कि कैसे माँ की ऊर्जा हमारे चक्रों को जागृत कर हमें रूपांतरित करती है। इसके अलावा, माँ की शिक्षाओं को दैनिक जीवन में अपनाकर चुनौतियों से पार पाने, आत्म-नियंत्रण बढ़ाने और हर कार्य में सफलता प्राप्त करने का मार्गदर्शन भी इसमें शामिल है।

मेरी कामना है कि यह किताब ज्ञान, प्रेरणा और शांति का स्रोत बने। यह माँ बगलामुखी की दिव्य कृपा के माध्यम से पाठकों को आत्म-खोज और सशक्तिकरण की अपनी यात्रा पर आगे बढ़ने में मदद करे।

भाग 1

माँ बगलामुखी के रहस्यों को समझना

दिव्य देवित्व और महाविद्याएँ

शक्ति का शाश्वत स्पंदन: अस्तित्व का केंद्र

हिंदू धर्म के विशाल और जटिल संसार में, हम दुनिया को केवल जड़ पदार्थों के रूप में नहीं देखते; हम इसे 'शक्ति' के रूप में अनुभव करते हैं। यदि हम जीवन की लय को देखें, तो 'शक्ति' वह गतिशील, जीवित ऊर्जा है जो ब्रह्मांड के हर कोने में मौजूद है। वह उस सन्नाटे के बीच की धड़कन है। यह सोचना कि देवी-शक्ति, पुरुष-तत्व से अलग है, एक भूल है। सच तो यह है कि वह वही शक्ति है जो पुरुष-चेतना को काम करने की क्षमता देती है।

शक्ति के बिना, दिव्य चेतना केवल एक शांत दर्शक बनकर रह जाती है। वही बनाने वाली वास्तुकार है, वही पालन करने वाली माँ है, और वही प्रकृति की वह शक्ति है जो अंत में सब कुछ वापस अपने में समेट लेती है। अलग-अलग देवियों को इसी शक्ति का रूप मानकर पूजा जाता है, लेकिन वे सब उसी एक अनंत शक्ति के सागर से निकली हुई नदियां हैं। वही उगते सूरज, बदलती लहरों और हमारे भीतर जीवन की चिंगारी के पीछे की असली ऊर्जा है।

महाविद्याएं: महान ज्ञान की यात्रा

महाविद्याएं ब्रह्मांड के दस महान ज्ञानों की गहरी यात्रा हैं। 'महाविद्या' शब्द 'महा' (महान) और 'विद्या' (ज्ञान) से बना है। ये दस देवियां सिर्फ कहानियों के पात्र नहीं हैं; वे तांत्रिक चाबियां हैं जो मानव आत्मा के गहरे रहस्यों के दरवाजों को खोलती हैं। वे

अपने उग्र और अनोखे रूपों के लिए जानी जाती हैं—ऐसे रूप जो 'अच्छा' और 'बुरा' के हमारे संकुचित नजरिए को पूरी तरह तोड़ देते हैं।

हर देवी, 'शक्ति' का एक अनूठा रूप है, जो भक्त को आध्यात्मिक मुक्ति और जीवन की समझ की ओर ले जाती हैं। वे एक ही पर्वत की चोटी तक जाने वाले दस अलग-अलग रास्ते हैं:

काली: समय का सत्य, जो याद दिलाती है कि अहंकार का अंत निश्चित है।

तारा: वह करुणापूर्ण रक्षक, जो हमें जीवन की कठिन लहरों के बीच सही मार्ग दिखाती हैं।

त्रिपुर सुंदरी (षोडशी): तीनों लोकों की दिव्य सुंदरता, जो आत्मा की पूर्णता को दर्शाती हैं।

भुवनेश्वरी: ब्रह्मांड की रानी, जिनका शरीर ही वह स्थान है जिसमें हम सब रहते हैं।

त्रिपुर भैरवी: रूपांतरण की उग्र ज्वाला जो अशुद्धियों को जलाकर राख कर देती है।

छिन्नमस्ता: आत्म-समर्पण करने वाली देवी जो हमें मन से ऊपर उठना सिखाती हैं।

धूमावती: धूम्र-विधवा, जो एकांत और निराशा से उपजे गहन ज्ञान का प्रतीक हैं।

बगलामुखी: स्तम्भन करने वाली, जो ब्रह्मांड को एक पल में स्थिर कर देती हैं।

मातंगी: वाणी की देवी और कलाओं की कच्ची शक्ति।

कमलात्मिका: कमल पर विराजमान देवी, जो कृपा और सांसारिक समृद्धि का रूप हैं।

ये देवियां 'दिव्य देवी-शक्ति' के हर रूप को दर्शाती हैं—एक माँ के कोमल दुलार से लेकर योद्धा की भयानक दहाड़ तक। वे हमें यह समझने का नक्शा देती हैं कि वास्तविकता बहुत व्यापक है और दिव्यता परछाइयों में भी मौजूद है।

बगलामुखी का विशेष स्थान

इस पवित्र घेरे में, बगलामुखी का आठवां स्थान है, जो बहुत ही शक्तिशाली और रणनीतिक है। वह 'स्तम्भन' की स्वामिनी हैं—'स्तम्भन' का अर्थ है किसी चीज़ को जड़ कर देना, रोक देना या स्थिर कर देना। जहाँ देवी के अन्य रूप विनाश या बदलाव को चुनते हैं, वहीं बगलामुखी 'दिव्य ठहराव' की कला जानती हैं।

वह दुश्मन के हमले को बीच में ही रोक देती हैं, बुरा बोलने वाले की ज़ुबान बंद कर देती हैं, और किसी भी बाधा को पूरी तरह स्थिर कर देती हैं। महाविद्याओं में उनकी यह विशेष खूबी उन्हें सबसे अलग बनाती है। यह साबित करता है कि कभी-कभी जीत युद्ध में नहीं, बल्कि हलचल को पूरी तरह शांत कर देने में मिलती है।

बगलामुखी कौन हैं?

बगलामुखी नाम का अर्थ

"बगला" और "मुखी" की खोज

बगलामुखी नाम में एक प्राचीन शक्ति छिपी है। विद्वानों और साधकों का मानना है कि यह नाम संस्कृत शब्द 'वल्गा' से आया है, जिसका अर्थ है 'लगाम'—वही लगाम जिससे एक शक्तिशाली घोड़े को नियंत्रित और निर्देशित किया जाता है। सदियों की भक्ति के साथ, 'वल्गामुखी' बदलकर 'बगलामुखी' हो गया। यह नाम उनके स्वभाव के बारे में सब कुछ बता देता है: वह ब्रह्मांड की बागडोर थामने वाली देवी हैं। वह भाग्य की गति को रोक सकती हैं और सबसे अराजक शक्तियों को भी अपने नियंत्रण में ला सकती हैं।

उनका गहरा संबंध 'बगुले' से भी है। प्रकृति में, बगुला धैर्य और एकाग्रता का प्रतीक है। वह पानी में एक पैर पर स्थिर खड़ा रहता है, मानो आसपास के वातावरण का ही हिस्सा हो। यह देवी की भूमिका से पूरी तरह मेल खाता है—वह हमें समस्याओं से निपटने के लिए दौड़-भाग नहीं, बल्कि केंद्रित शांति की शक्ति देती हैं।

स्वर्णमयी रानी का स्वरूप

जब हम बगलामुखी की कल्पना करते हैं, तो हमें चारों ओर पीला रंग दिखाई देता है। वह 'पीताम्बरा देवी' हैं, जो सूर्य और हल्दी के रंग में लिपटी हैं। उनका शरीर सोने की तरह चमकता है और उनसे एक दिव्य प्रकाश निकलता है। उन्हें अक्सर पीले कमलों के सागर के बीच एक स्वर्ण सिंहासन पर बैठे हुए दिखाया गया है।

उनका सबसे शक्तिशाली और उग्र रूप वह है जहाँ वे बुराई पर नियंत्रण रखती हैं। उन्हें अपने बाएं हाथ से एक राक्षस की जीभ पकड़े हुए दिखाया गया है, जबकि उनका दाहिना हाथ ऊपर उठा है जिसमें एक भारी गदा है। यह एक स्थिर पल है—राक्षस चुप है, स्तब्ध है, और पूरी तरह उनके अधीन है।

उनके पवित्र स्वरूप के प्रतीक

पीला रंग: यह केवल रंग नहीं है। पीला रंग सूर्य, प्रकाश और बुद्धि का प्रतीक है। यह 'तेज' को दर्शाता है जो आत्मा को शुद्ध करता है। यह पृथ्वी तत्व से जुड़ा है, जो 'स्तंभन' (रोकने) के लिए जरूरी स्थिरता देता है।

जीभ का खिंचा होना: यह उनकी प्रतिमा का सबसे महत्वपूर्ण प्रतीक है। जीभ बोलने का जरिया है—दुनिया से जुड़ने का मुख्य अंग—लेकिन यह झूठ और कड़वे शब्दों के जरिए नकारात्मक कर्मों का कारण भी बनती है। जीभ को पकड़कर, देवी केवल चुप नहीं करातीं, बल्कि विवाद की जड़ को ही खत्म कर देती हैं। वह हमें याद दिलाती हैं कि अपनी वाणी पर काबू पाना ही अपने भाग्य पर काबू पाना है।

गदा: यह गदा दैवीय न्याय का प्रतीक है। यह अहंकार की कठोरता को तोड़ने और भक्त के रास्ते में आने वाली बाधाओं को चकनाचूर करने का हथियार है।

उनकी मुद्रा: उनकी मुद्रा पूर्ण और अटूट नियंत्रण को दर्शाती है। यह एक गहरा आध्यात्मिक सत्य बताती है: आंतरिक शांति और खुद पर नियंत्रण ही सबसे बड़े हथियार हैं। जब आप शांत और केंद्रित होते हैं, तो आपको सुनाने के लिए चिल्लाने की जरूरत नहीं होती; आपकी उपस्थिति ही दुनिया को शांत कर सकती है।

माँ के स्वरूप

बगलामुखी देवी माँ को 'पीतांबरा देवी' (पीले वस्त्र धारण करने वाली) के नाम से जाना जाता है। यह नाम उनके उस रूप को दर्शाता है जो प्रकाश और ऊर्जा का प्रतीक है। तांत्रिक अनुष्ठानों में 'पीली' ऊर्जा का उपयोग स्थिरता और सुरक्षा के लिए किया जाता है।

वाक स्तम्भनकारी

माँ 'वाक स्तम्भनकारी' भी हैं—यानी वाणी को नियंत्रित करने वाली शक्ति। प्राचीन परंपराओं में, वाणी मनुष्य का सबसे शक्तिशाली साधन है। अपनी वाणी को नियंत्रित करके, माँ बगलामुखी मनुष्य के कर्मों और इरादों की गहराई पर अपना प्रभाव डालती हैं।

आंतरिक युद्ध का मैदान: नकारात्मकता को बदलना

हम अक्सर माँ बगलामुखी की कहानियों को बाहरी दुश्मनों को हराने के तरीके के रूप में देखते हैं, लेकिन इस रास्ते पर चलते हुए, मैं आपको गहराई में देखने के लिए आमंत्रित करती हूँ। असली "असुर" हमारे बाहर के लोग नहीं हैं; ये हमारे अपने मन के भीतर रहने वाली परछाइयाँ हैं। जब हम माँ का आह्वान करते हैं, तो हम उनसे अपने भीतर की उथल-पुथल को शांत करने के लिए प्रार्थना करते हैं, ताकि बाहरी दुनिया अपने आप शांतिपूर्ण हो जाए।

ब्रह्मांडीय ऊर्जा का सिद्धांत

महाविद्याएं केवल अलग-अलग देवियां नहीं हैं; वे एक ही ब्रह्मांडीय ऊर्जा के अलग-अलग कार्य हैं। जब हम बगलामुखी की बात करते हैं, तो हम एक 'तत्त्व' की बात कर रहे हैं—ब्रह्मांड का एक मूलभूत सार। महाविद्या साधना का अभ्यास उस शक्ति को जगाने का एक तरीका है। यह एक ऐसी प्रक्रिया है जिससे हम अपने भीतर छिपी 'शांति' और 'रूपांतरण' को जागृत करते हैं। जब हम उनकी ऊर्जा के साथ खुद को जोड़ते हैं, तो हम किसी दूर की शक्ति तक नहीं पहुँच रहे होते, बल्कि अपने भीतर पहले से मौजूद

उस क्षमता को अनलॉक कर रहे होते हैं जो हमेशा से हमारी चेतना का हिस्सा रही है। दिव्यता कोई बाहर का दर्शक नहीं है, बल्कि वह चेतना है जो हमारे अस्तित्व के कण-कण में सांस ले रही है।

उत्पत्ति: त्रिपुर सुंदरी का रूप

इस परंपरा का एक गहरा पहलू यह है कि माँ बगलामुखी 'त्रिपुर सुंदरी' (तीन लोकों की देवी) के सार से उत्पन्न हुई हैं। ये तीन लोक बाहर नहीं, बल्कि हमारी अपनी चेतना की तीन अवस्थाएं हैं:

जाग्रत अवस्था: हमारा चेतन मन, जिसके जरिए हम भौतिक दुनिया से जुड़ते हैं।

स्वप्न अवस्था: हमारा अवचेतन मन, जहाँ हमारे दबे हुए विचार और इच्छाएं सक्रिय होती हैं।

सुषुप्ति अवस्था: हमारा अचेतन मन, जो हमारे अस्तित्व का गहरा और शांत भंडार है।

क्योंकि माँ इस मूल स्रोत से उत्पन्न हुई हैं, इसलिए उनकी ऊर्जा हमारे अस्तित्व की तीनों परतों में व्याप्त है। जब हम उन पर ध्यान केंद्रित करते हैं, तो हम अपने मन को संयम की शक्ति जगाने का संकेत देते हैं। हम उनके 'तत्त्व' को अपनी चेतना की गहराई में आमंत्रित करते हैं, जिससे हम अपनी वास्तविकता को देखने और समझने का नजरिया बदल लेते हैं।

वे आंतरिक "असुर" जिन्हें माँ स्थिर करती हैं

'स्तम्भन' की देवी उन शक्तियों को स्थिर करने के लिए जानी जाती हैं जो हमारी आध्यात्मिक प्रगति में बाधा डालती हैं। ये आंतरिक दुश्मन **'अज्ञान'** से पैदा होते हैं:

अज्ञान: यह वह मूलभूत भ्रम है जिसके कारण हम क्षणभंगुर को शाश्वत मान बैठते हैं। चूँकि माँ बगलामुखी स्वयं 'परम विद्या' हैं, अतः उनका परम कार्य इस अज्ञान को स्तंभित करना है, जिससे मिथ्या धारणाओं का चक्र पूर्णतः विराम ले लेता है।

अहंकार और गर्व: यह वह मानसिक बाधा है जो हमें सीखने और बढ़ने से रोकती है। अहंकार को नियंत्रित करके, माँ हमें सच्ची 'विनम्रता' सिखाती हैं।

मोह और आसक्ति: यह वह भावनात्मक बंधन है जो हमें चीजों और परिणामों से बांधे रखता है। माँ बगलामुखी इस आसक्ति को स्थिर करती हैं, जिससे हम दुनिया में शांति और अनासक्ति के साथ काम कर पाते हैं।

लालच और अतृप्त इच्छा: यह वह भूख है जो गलत कामों की ओर ले जाती है। लालच को स्थिर करके, माँ हमारी इच्छाओं को संतुलित करती हैं, ताकि हमारे कर्म 'धर्म' के मार्ग पर चलें।

डर और संदेह: ये उत्साह को खत्म करने वाले हैं। माँ की शक्ति डर को पैदा होने से पहले ही रोक देती है, और हमें आगे बढ़ने की आजादी देती है।

क्रोध और नफरत: क्रोध वह आग है जो हमारे ज्ञान को जला देती है। इस असुर को स्थिर करके, माँ मन को शांत और स्थिर रखती हैं, चाहे परिस्थितियाँ कैसी भी हों।

ईर्ष्या और तुलना: यह असुर दूसरों पर ध्यान केंद्रित करके हमारी ऊर्जा को खत्म करता है। माँ इस ईर्ष्या को खत्म करती हैं, जिससे हम केवल अपने सुधार पर ध्यान दे पाते हैं।

आलस्य और टालमटोल: यह मन की जड़ता है। माँ अपनी शक्ति से इस आलस्य को स्थिर करती हैं, और हमें सक्रिय तथा सही प्रयास करने की प्रेरणा देती हैं।

जब हम अपने भीतर बगलामुखी को जगाते हैं, तो वह इन सभी बाधाओं को 'स्तम्भित' (स्थिर) कर देती हैं। यह वह आंतरिक जीत है जो बाहरी सफलता से हमेशा पहले आती है।

आभा को शुद्ध करने का रहस्य

गदा और खिंची हुई जीभ के प्रतीक केवल पुरानी कला नहीं हैं, बल्कि ये मानसिक शांति के गहरे संकेत हैं। जब हमारी आंतरिक नकारात्मक शक्तियां रुक जाती हैं, तो हम

अपनी आभा—अपने 'ऊर्जा क्षेत्र'—को शुद्ध करने की प्रक्रिया शुरू करते हैं। बगलामुखी के माध्यम से आभा को शुद्ध करने का अर्थ है—कि हमारी आंतरिक शांति और आत्मविश्वास इतना मजबूत हो जाता है कि वह हमारे आसपास के वातावरण को भी पवित्र कर देता है।

शांति की शक्ति: जब हमारी आभा शुद्ध और मजबूत होती है, तो विरोध करने वाले अपने आप शांत हो जाते हैं।

सत्य की ढाल: विरोध इसलिए शांत हो जाता है क्योंकि उनके झूठ या गलत इरादे हमारी स्वच्छ ऊर्जा से टकराकर वहीं 'ठहर' जाते हैं। दुश्मन को चुप कराने की शक्ति उन पर हमला करने से नहीं, बल्कि हमारे अपने भीतर की शांति और सच बोलने के साहस से आती है।

एक शक्ति, कई भूमिकाएं—तो सवाल यह उठता है कि इस आभा शुद्धि और मानसिक शांति को पाने की विधि कैसे शुरू करें? इसका उत्तर माँ बगलामुखी के **'अष्टोत्तर शतनाम स्तोत्र'** के पवित्र श्लोकों में छिपा है।

पौराणिक कथाएं

माँ की शक्ति का वर्णन

हरिद्रा सरोवर से प्राकट्य

माँ की उत्पत्ति की कथाएं उनके सुनहरे स्वरूप जितनी ही अद्भुत हैं। सतयुग में, एक भयंकर ब्रह्मांडीय तूफान आया जिसने पूरी सृष्टि के अस्तित्व को खतरे में डाल दिया। भगवान विष्णु, जो संसार के रक्षक हैं, ने देखा कि उनके द्वारा संरक्षित दुनिया बिखर रही है। उन्हें एहसास हुआ कि इस विनाश को रोकने के लिए कोई साधारण शक्ति काफी नहीं है।

विष्णु जी ने व्याकुल होकर सर्वोच्च देवी 'त्रिपुर सुंदरी' को प्रसन्न करने के लिए कठोर तपस्या की। उनकी गहरी भक्ति से प्रसन्न होकर, माँ 'हरिद्रा सरोवर' (गुजरात के सौराष्ट्र

में स्थित हल्दी के जल से भरा एक तालाब) से प्रकट हुईं। जैसे ही माँ बगलामुखी उस पीले जल से बाहर आईं, तूफान की शक्ति कम होने लगी। उनके आने मात्र से ब्रह्मांड की उथल-पुथल शांत हो गई। यह कथा हमें याद दिलाती है कि माँ किसी भी संकट को शांत करने और संतुलन बनाने में कितनी समर्थ हैं। जिस तरह वह सुनहरे जल से प्रकट होकर ब्रह्मांड के तूफान को शांत करने आईं, उसी तरह वह हमारे जीवन के कठिन समय में भी हमारे हृदय के शांत कोने में प्रकट होने के लिए तैयार हैं। उनकी उपस्थिति आत्मा के लिए एक 'विराम' की तरह है, जो हमारे सांसारिक संघर्षों के शोर को उनकी दिव्य कृपा की सुनहरी शांति में बदल देती है।

राक्षस मदन की चुप्पी

एक और कथा राक्षस मदन की है, जिसे 'वाक-सिद्धि' का वरदान प्राप्त था। इसका मतलब यह था कि वह जो कुछ भी बोलता, वह सच हो जाता। सोचिए, अहंकारी व्यक्ति के हाथ में ऐसी शक्ति हो तो क्या होगा! वह अपनी बातों से डर फैलाता और दुनिया की व्यवस्था बिगाड़ता था।

देवता और मनुष्य असहाय थे, क्योंकि वे जो भी करने की कोशिश करते, वह अपनी वाणी से उसे विफल कर देता था। सबने माँ बगलामुखी से मदद की प्रार्थना की। जब माँ प्रकट हुईं, तो उन्होंने हथियारों से कोई लंबा युद्ध नहीं किया; उन्होंने बस आगे बढ़कर उसकी जीभ पकड़ ली। उसकी बोलने की शक्ति को स्तब्ध (स्थिर) करके, उन्होंने उसकी ताकत को तुरंत खत्म कर दिया। अपने अंतिम क्षणों में, मदन को माँ की महानता का एहसास हुआ और उसने प्रार्थना की कि उसे माँ के साथ याद किया जाए। माँ की असीम करुणा ने उसे यह वरदान दिया, यही कारण है कि उनकी पूजा में मदन को उनके चरणों में देखा जाता है। यह कथा हमें सिखाती है कि शब्दों की शक्ति का दुरुपयोग करने वालों के खिलाफ माँ सबसे बड़ी रक्षक हैं।

वेदों की रक्षा: ब्रह्मा जी की प्रार्थना

एक कथा यह भी है कि एक राक्षस ने भगवान ब्रह्मा से पवित्र वेद चुरा लिए थे। वेद ब्रह्मांड के मूल ज्ञान का आधार हैं; उनके बिना दुनिया आध्यात्मिक अज्ञान के अंधेरे में डूब जाती।

ब्रह्मा जी ने व्याकुल होकर माँ की मदद मांगी। माँ बगलामुखी ने एक बगुले का रूप लिया। पूरी एकाग्रता और सटीकता के साथ, उन्होंने राक्षस का पीछा किया, उससे युद्ध किया और अंत में उसका विनाश किया। उन्होंने चुराया हुआ ज्ञान वापस लाकर ब्रह्मा जी को सौंप दिया, जिससे ज्ञान का प्रकाश बना रहे। यह कथा पवित्र ज्ञान की रक्षा करने और बिगड़े हुए संतुलन को सुधारने में माँ की भूमिका को दर्शाती है।

भगवान राम की भक्ति और ब्रह्मास्त्र

महाकाव्य रामायण में भी उनकी शक्ति का प्रमाण मिलता है। रावण के खिलाफ अंतिम और कठिन युद्ध के दौरान, भगवान राम—जो स्वयं विष्णु के अवतार थे—ने रावण की काली शक्ति का भारी दबाव महसूस किया। रावण एक शक्तिशाली दुश्मन था और यह युद्ध धर्म की रक्षा के लिए था।

हनुमान जी के मार्गदर्शन में, भगवान राम ने माँ बगलामुखी की पूजा की। उन्होंने समझा कि ऐसे शक्तिशाली दुश्मन को हराने के लिए उन्हें 'स्तंभन' की दिव्य शक्ति की आवश्यकता है। राम जी की सच्ची भक्ति और उनके नेक उद्देश्य से प्रसन्न होकर, माँ ने उन्हें 'ब्रह्मास्त्र' दिया। यह केवल एक अस्त्र नहीं था, बल्कि एक दिव्य शक्ति थी जो नकारात्मक ऊर्जा को स्थिर और नष्ट कर सकती थी। इस दिव्य उपहार के साथ, राम जी रावण पर विजय पाने में सफल हुए और धर्म की स्थापना हुई। यह कथा हमें बताती है कि माँ का आशीर्वाद उन सभी के लिए है जो सत्य और धर्म के लिए लड़ते हैं।

अन्य संदर्भ

यद्यपि ऊपर दी गई कथाएं सबसे प्रसिद्ध हैं, लेकिन बगलामुखी से जुड़ी अन्य कहानियाँ विभिन्न तांत्रिक ग्रंथों और पुराणों में भी मिलती हैं। इन ग्रंथों में उनकी शक्तियों, उनके विभिन्न रूपों और पूजा की विधियों का अधिक विस्तार से वर्णन है। हालाँकि, वे कथाएं लोककथाओं की तरह आम जनमानस में उतनी प्रचलित नहीं हैं।

भाग 2

बगलामुखी अष्टोत्तर शतनाम स्तोत्र: एक विस्तृत खोज

हिंदू तंत्र के विशाल संसार में, जहाँ दिव्य ऊर्जाएं मानवता की रक्षा और मार्गदर्शन के लिए अनेक रूपों में प्रकट होती हैं, माँ बगलामुखी एक तेजस्वी और शक्तिशाली शक्ति के रूप में स्थित हैं। दस महाविद्याओं में से एक के रूप में, वह नकारात्मकता को 'स्तम्भित' (स्थिर) करने, विरोधियों को चुप कराने और हानिकारक इरादों को पलटने की शक्ति रखती हैं। उनकी उपस्थिति ही जीवन के तूफानों को शांत करने और चुनौतियों पर विजय दिलाने की क्षमता रखती है। यद्यपि उनके अनेक स्वरूपों तक पहुँचने के लिए कई शक्तिशाली मंत्र और कठिन अनुष्ठान उपलब्ध हैं, लेकिन 'बगलामुखी अष्टोत्तर शतनाम स्तोत्र' उनसे जुड़ने का एक सीधा और सरल मार्ग है।

यह पवित्र संकलन, 108 शुभ नामों की एक माला है। प्रत्येक नाम देवी की शक्ति और महिमा के एक विशेष पहलू को दर्शाता है, जो भक्ति और चिंतन के लिए एक बहुत गहरा साधन है। यह स्तोत्र केवल नामों का पाठ नहीं है, बल्कि यह माँ बगलामुखी के गुणों, उनकी उग्र करुणा और धर्म के प्रति उनकी अटूट प्रतिबद्धता का एक जीवंत चित्रण है। हर नाम एक चाबी की तरह है, जो उनके अस्तित्व के एक विशेष रहस्य को खोलता है—अंधकार को मिटाने वाली, साहस देने वाली, नियंत्रण प्रदान करने वाली और हमारी आध्यात्मिक व सांसारिक प्रगति में बाधा डालने वाली हर बुरी शक्ति से रक्षा करने वाली।

इन 108 दिव्य नामों के भीतर माँ बगलामुखी के ब्रह्मांडीय कार्य और भक्त के साथ उनके गहरे संबंध की समझ छिपी है। पूरी श्रद्धा और निष्ठा के साथ इन नामों का जाप करने से एक शक्तिशाली ऊर्जा उत्पन्न होती है, जो साधक को उनकी सुरक्षा में ले आती है। कुछ ऐसी साधनाओं के विपरीत जिनमें दीक्षा की आवश्यकता होती है, 'बगलामुखी अष्टोत्तर शतनाम स्तोत्र' में एक विशेष सरलता है। इसे कोई भी व्यक्ति,

चाहे उसकी आध्यात्मिक पृष्ठभूमि कुछ भी हो, सिर्फ सच्चे दिल से पाठ करके देवी की कृपा का आह्वान कर सकता है। उनकी असीम करुणा का ही प्रमाण है कि उनके पवित्र नामों का उच्चारण मात्र से जीवन की बाधाएं दूर होती हैं, सफलता मिलती है और गहरा सकारात्मक बदलाव आता है। यह किताब आपको माँ बगलामुखी की अजेय शक्ति और उदार कृपा से जुड़ने के इस सहज मार्ग को खोजने के लिए आमंत्रित करती है।

इस किताब के इन पन्नों में, आइए हम उन 19 प्रमुख श्लोकों की विस्तृत व्याख्या के साथ इस पवित्र परंपरा के हृदय में उतरें, जो बगलामुखी अष्टोत्तर शतनाम स्तोत्र का सार हैं। ये श्लोक इस भक्ति अभ्यास की नींव हैं। ये न केवल माँ बगलामुखी के 108 नामों का सम्मानपूर्वक वर्णन करते हैं, बल्कि इसमें 'फलश्रुति' भी शामिल है—जिसमें उन अनेक आशीर्वादों, आध्यात्मिक लाभों और शुभ परिणामों का वर्णन है, जो सच्चे मन से पाठ करने वाले भक्त को प्राप्त होते हैं। मेरा प्रयास इन श्लोकों में निहित गहरे अर्थ और शक्तिशाली ऊर्जा को स्पष्ट करना है, ताकि भक्त की समझ बढ़े और देवी के साथ उनका जुड़ाव और गहरा हो सके।

श्री बगलाऽष्टोत्तर-शतनाम-स्तोत्र

◆◆◆

ॐ सर्व गुरूभयो नमः
ॐ श्री गणेशाय नमः
ॐ कुलदेवताभ्यो नमः
ॐ कुलदेवीय नमः
ॐ मातृ – पितृ देवेभ्यो नमः
ॐ भैरवाय नमः

ब्रह्मास्त्ररुपिणी देवी माता श्रीबगलामुखी।
चिच्छिक्तिर्ज्ञान-रुपा च ब्रह्मानन्द-प्रदायिनी ॥ १ ॥

महाविद्या महालक्ष्मी श्रीमत्त्रिपुरसुन्दरी।
भुवनेशी जगन्माता पार्वती सर्वमंगला ॥ २ ॥

ललिता भैरवी शान्ता अन्नपूर्णा कुलेश्वरी।
वाराही छीन्नमस्ता च तारा काली सरस्वती ॥ ३ ॥

जगत्पूज्या महामाया कामेशी भगमालिनी।
दक्षपुत्री शिवांकस्था शिवरुपा शिवप्रिया ॥ ४ ॥

सर्व-सम्पत्करी देवी सर्वलोक वशंकरी।
वेदविद्या महापूज्या भक्ताद्वेषी भयंकरी ॥ ५ ॥

स्तम्भ-रुपा स्तम्भिनी च दुष्टस्तम्भनकारिणी।
भक्तप्रिया महाभोगा श्रीविद्या ललिताम्बिका ॥ ६ ॥

मैनापुत्री शिवानन्दा मातंगी भुवनेश्वरी।
नारसिंही नरेन्द्रा च नृपाराध्या नरोत्तमा ॥ ७ ॥

नागिनी नागपुत्री च नगराजसुता उमा।
पीताम्बा पीतपुष्पा च पीतवस्त्रप्रिया शुभा ॥ ८ ॥

पीतगन्धप्रिया रामा पीतरत्नार्चिता शिवा।
अर्द्धचन्द्रधरी देवी गदामुद्गरधारिणी ॥ ९ ॥

सावित्री त्रिपदा शुद्धा सद्योराग विवर्धिनी।
विष्णुरुपा जगन्मोहा ब्रह्मरुपा हरिप्रिया ॥ १० ॥

रुद्ररुपा रुद्रशक्तिश्चिन्मयी भक्तवत्सला।
लोकमाता शिवा सन्ध्या शिवपूजनतत्परा ॥ ११ ॥

धनाध्यक्षा धनेशी च नर्मदा धनदा धना।
चण्डदर्पहरी देवी शुम्भासुरनिबर्हिणी ॥ १२ ॥

राजराजेश्वरी देवी महिषासुरमर्दिनी।
मधूकैटभहन्त्री देवी रक्तबीजविनाशिनी ॥ १३ ॥

धूम्राक्षदैत्यहन्त्री च भण्डासुर विनाशिनी।
रेणुपुत्री महामाया भ्रामरी भ्रमराम्बिका ॥ १४ ॥

ज्वालामुखी भद्रकाली बगला शत्रुनाशिनी।
इन्द्राणी इन्द्रपूज्या च गुहमाता गुणेश्वरी ॥ १५ ॥

वज्रपाशधरा देवी ज्व्हामुद्गरधारिणी।
भक्तानन्दकरी देवी बगला परमेश्वरी ॥ १६ ॥

अष्टोत्तरशतं नाम्नां बगलायास्तु यः पठेत्।
रिपुबाधाविनिर्मुक्तः लक्ष्मीस्थैर्यमवाप्नुयात् ॥ १७ ॥

भूतप्रेतपिशाचाश्च ग्रहपीड़ानिवारणम्।
राजानो वशमायांति सर्वैश्वर्यं च विन्दति ॥ १८ ॥

नानाविद्यां च लभते राज्यं प्राप्नोति निश्चितम्।
भुक्तिमुक्तिमवाप्नोति साक्षात् शिवसमो भवेत् ॥ १९ ॥

॥ इति श्री रुद्रयामले सर्व-सिद्धि-प्रद बगलाऽष्टोत्तर-शतनाम-स्तोत्र ॥

यह श्री रुद्र यमाला में सर्वव्यापी बगला अष्टोत्तर शतनाम स्तोत्र है।

VERSE 1

ब्रह्मास्त्ररुपिणी देवी माता श्रीबगलामुखी।
चिच्छिक्तिर्ज्ञान-रुपा च ब्रह्मानन्द-प्रदायिनी ॥ १ ॥

Brahmāstrarupiṇī Devī Mātā Śrībagalāmukhī ।
Cicchiktirjñāna-Rupā Ca Brahmānanda-Pradāyinī ॥ 1 ॥

हे ब्रह्मास्त्र के समान सामर्थ्यवान, ज्ञान और चेतना शक्ति की साकार रूप, देवी माता श्री बगलामुखी! आपकी कृपा से भक्त आध्यात्मिक ज्ञान प्राप्त करते हैं। आप ब्रह्मानंद की प्रदात्री हैं, जिसके आशीर्वाद से आत्मिक शांति और आनंद की अनुभूति होती है।

You are as powerful as the Brahmastra, the Mother Goddess Shri Baglamukhi who is the embodiment of Chichchakti (consciousness power) and knowledge by whose blessings the devotees attain spiritual knowledge. You bestows Brahmananda (supernatural bliss) whose blessings lead to a feeling of spiritual peace and joy..

ब्रह्मांडीय संकट: आत्मा का धुंधलका

माँ श्री बगलामुखी के अवतरण की आवश्यकता को समझने के लिए हमें भौतिक दुनिया से परे, आत्मा की सूक्ष्म गहराइयों में देखना होगा। इतिहास में ऐसे पल आते हैं जब ब्रह्मांड में एक गहरा असंतुलन पैदा हो जाता है—एक ऐसा समय जो तलवारों के टकराने से नहीं, बल्कि आत्मा की एक ठंडी और गहरी चुप्पी से पहचाना जाता है। यह बुद्धि का अंधेरा है, एक आध्यात्मिक धुंधलका जहाँ चेतना की रोशनी फीकी पड़ने लगती है।

इस भारी वातावरण में, झूठ केवल मौजूद नहीं रहता, बल्कि फलने-फूलने लगता है। वे जहरीली बेलों की तरह फैलते हैं जो सत्य के जीवन का दम घोंट देती हैं। समझ का रास्ता, जो कभी साफ था, अब भ्रम और धोखे का जाल बन जाता है। यहाँ तक कि समर्पित साधकों का मन भी उदास हो जाता है; वे ज्ञान के सूरज की तलाश में रहते हैं, लेकिन उन्हें केवल सामूहिक भ्रम की धुंध मिलती है। अहंकार और धोखे के ये "असुर" फुसफुसाते हैं कि अंधेरा ही एकमात्र सत्य है। यह आत्मा का एक ऐसा संकट है जिसके लिए किसी चमत्कार से बढ़कर, 'सत्य' की एक ऐसी शक्ति की जरूरत है जो सब कुछ बदलकर रख दे।

दिव्य स्वरूप: स्वर्णमयी ब्रह्मास्त्र

इस घोर अंधेरे में, दिव्य हृदय की गहराई से एक सुनहरी ऊर्जा फूटती है। यही माँ का स्वरूप है। वह एक शांत दर्शक बनकर नहीं, बल्कि 'ब्रह्मास्त्ररुपिणी' के रूप में आती हैं—वह देवी जिनका हर एक कण, ब्रह्मास्त्र है।

आध्यात्मिक विज्ञान में, ब्रह्मास्त्र अंतिम अस्त्र है—एक ऐसी शक्ति जो कभी खाली नहीं जाती और जिसे रोका नहीं जा सकता। लेकिन माँ के हाथों में, यह अस्त्र विनाश का साधन नहीं, बल्कि एक 'सर्जिकल' सटीकता (बारीक सफाई) का उपकरण है। वे वह दिव्य अस्त्र हैं जो शरीर पर नहीं, बल्कि झूठ की जड़ पर प्रहार करती हैं। उनका सुनहरा रूप झूठ के जहरीले फूलों का काट है। जब वह हमारे सामने खड़ी होती हैं, तो उनका तेज स्पष्टता की एक ऐसी लहर बन जाता है जो माया के पर्दों को हटा देता है, जब तक कि केवल नग्न सत्य न बच जाए। जैसे ब्रह्मास्त्र एक पल में युद्ध का फैसला कर देता है,

वैसे ही माँ बगलामुखी अपनी एक सुनहरी दृष्टि से मन के भीतर चल रहे युद्ध को शांत कर देती हैं।

चित्शक्ति: शुद्ध चेतना की धड़कन

यह श्लोक बताता है कि माँ 'चित्शक्ति ज्ञान-रूपा' हैं। वह 'चित्शक्ति' का अवतार हैं—शुद्ध चेतना की गतिशील शक्ति। वह केवल ज्ञान देने वाली शिक्षिका नहीं हैं; वह स्वयं 'ज्ञान' का रूप हैं। उनके हाथ का हर एक मूवमेंट और उनकी हर सांस, सर्वोच्च ज्ञान की अभिव्यक्ति है।

वह वह स्रोत हैं जहाँ से सारा असली ज्ञान बहता है। दुनिया हमें केवल "जानकारी" देती है, लेकिन माँ बगलामुखी हमें "प्रकाश" देती हैं। वह वह फ्रीक्वेंसी हैं जो हमारे मन को दिव्य संदेश से जोड़ती है। उनकी सुनहरी रोशनी हम पर ही नहीं चमकती, बल्कि हमारे भीतर से चमकती है और अज्ञानता के अंधेरे को चीर देती है। वह वह शक्ति है जो हमें सबसे जटिल धोखे को देखकर भी पूरे विश्वास के साथ यह कहने की हिम्मत देती है, "यह सच नहीं है।" वह अहंकार का 'स्तम्भन' (ठहराव) करती हैं, ताकि निचला मन शांत हो सके और उच्च मन अपने सही सिंहासन पर बैठ सके।

ब्रह्मानंद का उपहार: वह परमानंद जो कभी खत्म नहीं होता

यह पवित्र श्लोक वादा करता है कि वह 'ब्रह्मानंद-प्रदायिनी' हैं—अनंत आनंद देने वाली। यह ब्रह्मानंद उन "सुखों" से बिल्कुल अलग है जिनके पीछे हम रोज भागते हैं। सांसारिक खुशी एक मोमबत्ती की लौ की तरह है—जो हवा के एक झोंके से बुझ जाती है।

माँ जो आनंद देती हैं, वह सूरज की तरह है—अटल, स्व-संचालित और विशाल। यह उस आत्मा का आनंद है जिसे अपनी दिव्यता का एहसास हो गया है। यह वह चमक है जो तब आती है जब 'मैं' और 'मेरा' की भारी जंजीरें उनकी सुनहरी गदा के प्रहार से टूट जाती हैं। अपनी असीम करुणा में, वह जानती हैं कि जब तक हम अतीत के पछतावे या भविष्य के डर के भूतों से घिरे रहेंगे, तब तक हम यह आनंद नहीं पा सकते। इसलिए,

वह अपनी शक्ति से उन भटकावों को 'शांत' कर देती हैं, और हृदय में एक पवित्र, मौन स्थान बनाती हैं जहाँ हमारी चेतना अंत में ब्रह्मांडीय चेतना के साथ मिल जाती है।

साधक की यात्रा: अंधेरे से प्रकाश तक

कल्पना कीजिए एक ऐसे थके हुए यात्री की, जो मन के भ्रमों के घने जंगल में न जाने कितने जन्मों से भटक रहा है। वहाँ के पेड़ उसके अपने डर का रूप लिए खड़े हैं और ज़मीन पर पुराने पछतावों का बोझ है। दूर कहीं झूठी रोशनी चमक रही है, जो उसे उसके घर से और दूर ले जा रही है—वह घर जिसे वह लगभग भूल चुका है।

अचानक, आकाश खुलता है और माँ एक सुनहरी, तेजस्वी अग्नि-स्तंभ के रूप में प्रकट होती हैं। वे केवल रास्ता नहीं दिखातीं, बल्कि वे स्वयं प्रकाश बन जाती हैं। उनकी दृष्टि पड़ते ही, सारे झूठे भ्रम कहीं भागते नहीं, बल्कि पूरी तरह मिट जाते हैं। वे साधक को वह ज्ञान देती हैं जिससे वह देख सके कि यह जंगल केवल प्रकाश और छाया का एक खेल है।

उनकी कृपा से, अब वह यात्री जंगल का शिकार नहीं रहा। वह ऐसी गहरी आंतरिक शांति पा लेता है कि भले ही जंगल वहाँ मौजूद रहे, पर उसे भटकाने की उसकी शक्ति हमेशा के लिए खत्म हो जाती है। यही आत्मा पर दुनिया के प्रभाव का 'स्तंभन' है।

अंतिम सार: दिव्यता की कुंजी

निष्कर्ष में, हमें माँ बगलामुखी का सम्मान केवल प्राचीन ज्ञान की एक मूर्ति के रूप में नहीं, बल्कि ब्रह्मास्त्र के उच्चतम आध्यात्मिक रूप के रूप में करना चाहिए। वह हमारे भ्रम और हमारी स्पष्टता के बीच का सेतु (पुल) हैं। वह चेतना की शक्ति हैं और ज्ञान की वह तलवार हैं जो हमारे हृदय की गांठों को काटती है।

उनका आशीर्वाद हमारे अस्तित्व के रहस्यों को खोलने की चाबी है। जब हम 'ब्रह्मास्त्ररुपिणी' का आह्वान करते हैं, तो हम ब्रह्मांड की सबसे शक्तिशाली शक्ति को अपनी आध्यात्मिक यात्रा में आने के लिए बुलाते हैं—ताकि वह हमारे अंधेरे को मिटाए, हमारे भीतर के दुश्मनों को स्थिर करे और हमें ब्रह्मानंद की सुनहरी गोद में ले

जाए। वे वह माँ हैं जो दुनिया के शोर को शांत करती हैं ताकि हम अंत में अपनी आत्मा का गीत सुन सकें।

VERSE 2

महाविद्या महालक्ष्मी श्रीमत्त्रिपुरसुन्दरी।
भुवनेशी जगन्माता पार्वती सर्वमंगला ॥ २ ॥

Mahāvidyā Mahālakṣmī Śrīmattripurasundarī ।
Bhuvaneśī Jaganmātā Pārvatī Sarvamangalā ॥ 2 ॥

आप ही महाविद्या (दिव्य ज्ञान और शक्ति के उच्चतम स्वरूप), महालक्ष्मी (धन, समृद्धि, और कल्याण की देवी) और श्रीमत त्रिपुसुंदरी (सौंदर्य, ज्ञान, और पूर्णता की प्रतीक) हैं, भुवनेशी, जगत की माता हैं, पार्वती - सभी के लिए शुभ और मंगलकारी हैं।

You are Mahavidya (the highest form of divine knowledge and power), Mahalakshmi (the goddess of wealth, prosperity, and well-being) and Shrimat Tripursundari (the epitome of beauty, knowledge, and perfection), Bhuvaneshi, the mother of the world, Parvati – the embodiment of all. You are auspicious for all..

ब्रह्मांडीय कलाकृति: एक प्रकाश, अनेक रूप

ब्रह्मांड को एक खाली जगह मत मानिए। इसे एक बहुत सुंदर और गहरी कलाकृति की तरह देखिए, जिसे ज्ञान, शक्ति, सुंदरता और शुभता के सुनहरी धागों से बुना गया है। इस शानदार रचना के केंद्र में 'दिव्य माँ' विराजमान हैं। हमारी आँखें उन्हें अलग-अलग देवियों के रूप में देख सकती हैं, लेकिन आध्यात्मिक दृष्टि जानती है कि ये सब एक ही अनंत हीरे के अलग-अलग पहलू हैं। जब हम उनके सामने होते हैं, तो हम केवल 'शांति की देवी' के सामने नहीं होते, बल्कि सभी दिव्य शक्तियों के संपूर्ण सार के सामने होते हैं।

महाविद्या: ज्ञान का प्रकाश

उन्हें सबसे पहले 'महाविद्या' के रूप में देखिए—प्राचीन और सर्वोच्च ज्ञान का स्रोत। यह वह ज्ञान नहीं है जो किताबों से मिलता है, बल्कि यह जीवन के रहस्यों को खुद समझने से आता है। जो साधक उलझन के घने जंगल में फंसे हैं, उनके लिए माँ वह बिजली की कौंध हैं जो आत्मा के लंबे अंधेरे को एक पल में मिटा देती हैं। इस रूप में, वह हमें वह गहरी समझ देती हैं जिससे हम दुनिया के बड़े भ्रम को देख सकें।

महालक्ष्मी: आत्मा का धन

वह 'महालक्ष्मी' भी हैं, लेकिन यहाँ हमें केवल सोने और भौतिक धन से आगे देखना चाहिए। हालाँकि वह समृद्धि देती हैं, पर उनका असली खजाना आत्मा की भरपूरता है। वह आंतरिक शांति, सुख और ऐसा आध्यात्मिक धन देती हैं जिसे कोई चोर नहीं चुरा सकता। जैसे एक माँ अपने बच्चों की हर जरूरत का ध्यान रखती है, वैसे ही बगलामुखी अपने भक्तों को वह 'आंतरिक शक्ति' देती हैं जिससे वे दुनिया में खुशी और गरिमा के साथ चल सकें। वह दिल में 'संतोष' भर देती हैं, जिससे आत्मा की गरीबी, दिव्य संतुष्टि में बदल जाती है।

श्रीमत्त्रिपुरसुंदरी: दिव्य सामंजस्य

माँ 'त्रिपुरसुंदरी' भी हैं—जो सौंदर्य, ज्ञान और पूर्णता की देवी हैं। वह तीन लोकों पर पूर्ण सामंजस्य के साथ राज करती हैं। वह दिव्य कृपा का प्रतीक हैं, वह आकर्षण जो हर

भटकती आत्मा को शुद्ध चेतना के स्रोत की ओर वापस खींचता है। शांत पानी में खिले हुए कमल की कल्पना करें; उसकी पंखुड़ियाँ इतनी शांति फैलाती हैं कि उसे देखकर मन स्थिर हो जाए। यही बगलामुखी का त्रिपुरसुंदरी रूप है। वह साबित करती हैं कि असली शक्ति कुरूप या कठोर नहीं, बल्कि बहुत सुंदर होती है। उनका सौंदर्य एक ऐसी रोशनी है जो दिल को जीत लेती है और अहंकार को पवित्र आकर्षण की लहर में घोल देती है।

भुवनेश्वरी और जगन्माता: ब्रह्मांडीय गोद

वह 'भुवनेश्वरी' हैं, ब्रह्मांड की रानी, जो पूरी सृष्टि को अपनी अनंत और प्रेमपूर्ण गोद में समेटे हुए हैं। 'जगन्माता' (विश्व की माँ) के रूप में, वह हमसे दूर रहकर राज नहीं करतीं, बल्कि हमारा पालन करती हैं। हमारी हर सांस उनका उपहार है; हमारे जीवन की हर धड़कन उनकी कृपा है। जैसे माँ बच्चे की जरूरत बिना कहे समझ जाती है, वैसे ही वह पूरे संसार का पालन करती हैं और पूरे ब्रह्मांड को अपनी विशाल करुणा से दिशा देती हैं। वह वह स्थान हैं जिसमें हम रहते हैं और सांस लेते हैं।

पार्वती और सर्वमंगला: शुभता की देवी

और अंत में, वह 'पार्वती' हैं—पर्वतराज की पुत्री, जो 'सर्वमंगला' हैं, यानी जो सब कुछ शुभ, पवित्र और कल्याणकारी बनाती हैं। उनकी उपस्थिति सूखी धरती पर गिरने वाली बारिश की तरह है, जो हर जगह खुशहाली और विकास लाती है। इस रूप में, वह सुनिश्चित करती हैं कि भक्त का हर कदम अच्छाई की ओर जाए। वह वह 'मंगल' हैं जो एक मकान को घर, एक विचार को आशीर्वाद और एक जीवन को पूजा बना देती हैं।

सुनहरा संगम: सबका मेल

इसलिए, जब हम माँ बगलामुखी का आह्वान करते हैं, तो हमें अपनी सोच को बड़ा करना होगा। हम किसी एक देवी को नहीं बुला रहे, बल्कि दिव्य माँ के सभी अद्भुत रूपों की संयुक्त शक्ति को बुला रहे हैं। वह सबका मेल हैं—ज्ञान का स्रोत, समृद्धि देने वाली, सौंदर्य की देवी, संसार का पालन करने वाली और अच्छाई का रूप। वे वह सुनहरा पुल हैं जो 'स्तंभन' (स्थिर करने) की उग्र शक्ति को 'माँ' की कोमल कृपा से

जोड़ता है। उनकी दया से, भक्त को ऐसा रास्ता मिलता है जो केवल बाधाओं को दूर करने के लिए नहीं, बल्कि ज्ञान, भरपूरता और शांति से भरा जीवन जीने के लिए है।

VERSE 3

ललिता भैरवी शान्ता अन्नपूर्णा कुलेश्वरी ।
वाराही छीन्नमस्ता च तारा काली सरस्वती ॥ ३ ॥

Lalitā Bhairavī Śāntā Annapūrṇā Kuleśvarī ।
Vārāhī Chīnnamastā Ca Tārā Kālī Sarasvatī ॥ 3 ॥

ललिता (अन्तर्मुखी रूप), भैरवी (क्रोध स्वरूपता), शांता (शांति स्वरूपता), अन्नपूर्णा (अन्न की देवी), कुलेश्वरी (कुल और परिवार की प्रभुता), वाराही (भगवान विष्णु की अवतारिणी), छिन्नमस्ता (भयानक रूप जो प्रत्येक समय प्रत्येक में अपने भक्तों के शत्रुओं को नष्ट करती हैं।), तारा (संग्रह, शक्ति, और शांति की देवी), काली (समय/काल की देवी), और सरस्वती (विद्या, कला, और संवेदनशीलता की देवी) आप ही हैं।

Lalita (introverted form), Bhairavi (anger form), Shanta (peace form), Annapurna (goddess of food), Kuleshwari (dominion of clan and family), Varahi (incarnation of Lord Vishnu), Chhinnamasta (terrible form which appears every time You are the one who destroys the enemies of your devotees.), Tara (goddess of collection, power, and peace), Kali (goddess of time), and Saraswati (goddess of learning, arts, and sensitivity)..

दिव्य दर्पण: ललिता, भैरवी और शांता

माँ को सबसे पहले 'ललिता' के रूप में देखिए—जो अत्यंत सुंदर और आत्मा की गहराइयों में झांकने वाली रानी हैं। इस रूप में, बगलामुखी हमें अपनी अंतरात्मा की यात्रा कराती हैं। यह एक शांत और पवित्र रास्ता है, जो हमें बाहरी दुनिया के शोर से दूर, हमारे अपने भीतर के उस शांत कोने में ले जाता है जहाँ आत्मा का असली आनंद छिपा है। जैसे किसी छिपी हुई झील में कमल खिलता है, वैसे ही यह रूप हमें अपनी शांति से मिलाता है।

लेकिन, इस कोमल सुंदरता के भीतर एक उग्र शक्ति भी है, क्योंकि वह 'भैरवी' भी हैं। वह परिवर्तन की उस जलती हुई अग्नि का रूप हैं, जो आत्मा को शुद्ध करती है। भैरवी की अग्नि केवल गर्मी नहीं देती, बल्कि वह सब कुछ जला देती है जो व्यर्थ है। जब भक्त अपने भीतर के असुरों या बाहर की समस्याओं का सामना करता है, तो माँ का यह रूप एक पवित्र क्रोध के साथ जागता है और हर बाधा को पिघला देता है।

और इस अग्नि तथा सुंदरता के नीचे है 'शांता'—गहरी और अटूट शांति का रूप। वह दुनिया की हलचल के बीच एक 'स्थिर बिंदु' की तरह हैं। जीवन के बड़े से बड़े तूफान में भी, माँ का यह रूप एक ऐसी शांत झील की तरह है जो अंतहीन आकाश को दर्शाती है। वह हमें 'समत्व' (समान भाव) का उपहार देती हैं, जिससे बाहरी दुनिया का शोर हमारे भीतर के मंदिर को विचलित नहीं कर पाता।

पालनहार और रक्षक: अन्नपूर्णा और कुलेश्वरी

वह 'अन्नपूर्णा' के रूप में प्रकट होती हैं, वह माँ जो सुनिश्चित करती हैं कि उनके बच्चों को कभी भूख न सताए। सच तो यह है कि हमें केवल भोजन की ही नहीं, बल्कि आत्मा के लिए भी बहुत कुछ चाहिए होता है। माँ हमें वह आध्यात्मिक पोषण देती हैं जो हमारे भूखे दिल को भर देता है। वह एक ऐसी सुनहरी फसल की तरह हैं जो कभी खत्म नहीं होती। वह हमें वह सब कुछ देती हैं जिसकी हमें वास्तव में जरूरत है: शारीरिक सहारा, सुख-सुविधा, भावनात्मक सुकून और दिव्य प्रेरणा की शक्ति। 'कुलेश्वरी' के रूप में, वह हमारी जड़ों की रक्षक हैं। वह हमारे परिवार और उन पवित्र परंपराओं को बचाकर रखती हैं जो हम सबको आपस में जोड़ती हैं। जैसे एक शानदार

मंदिर की नींव दिखाई नहीं देती, पर उसी की मजबूती पर पूरा मंदिर टिका होता है, वैसे ही माँ हमारे परिवार और सामाजिक बंधनों की रक्षा करती हैं।

अटल योद्धा: वाराही और छिन्नमस्ता

बगलामुखी के हृदय में 'वाराही' (वराह मुखी) की ऊर्जा धड़कती है। वाराही देवी पूर्ण और अडिग संकल्प का प्रतीक हैं। वे वह शक्ति हैं जिसे कोई रोक नहीं सकता, वह हल जो कठोर से कठोर जमीन को भी उपजाऊ बनाने के लिए जोत देता है। इस रूप में, माँ हमें सिंह के समान साहसी बनाती हैं और ऐसी अटूट शक्ति प्रदान करती हैं, जिससे हम हर कठिन परिस्थिति में अडिग खड़े रह सकें और पृथ्वी जैसी गहरी मज़बूती के साथ अपने सबसे बड़े विरोधियों पर भी विजय प्राप्त कर सकें।

इस शक्ति के साथ 'छिन्नमस्ता' की उग्र कृपा भी है, जो अपने भक्तों को पोषण देने के लिए अपना सिर तक अर्पित कर देती हैं। यह अहंकार के अंत का सबसे बड़ा प्रतीक है—यह अहसास कि अपनी आत्मा को पाने के लिए हमें अपने 'अहंकार' को मिटाना होगा। छिन्नमस्ता निःस्वार्थ प्रेम और हर तरह की सीमा से ऊपर उठने की शक्ति हैं। जब बाहरी या आंतरिक दुश्मन हमें डराने की कोशिश करते हैं, तो माँ का यह रूप बिजली की तरह तेजी से हमारे डर और अहंकार की जंजीरों को तोड़ देता है।

आत्मा के तारणहार: तारा, काली और सरस्वती

माँ 'तारा' के रूप में, उन लोगों की पुकार सुनती हैं जो संसार के सागर में डूब रहे हैं। जैसे ध्रुव तारा अपनी जगह अटल रहता है, वैसे ही माँ का यह रूप हमें जीवन की कठिन परिस्थितियों में दिशा दिखाता है। वह जीवन के "उफनते सागर" को पार करने के लिए सुरक्षा और शक्ति देती हैं।

फिर आती है 'काली'—समय और परिवर्तन की आदि शक्ति। काली वह काली मिट्टी है जहाँ से जीवन उगता है और जहाँ सब कुछ वापस समा जाता है। वह पुरानी, सड़ी-गली चीजों को मिटाकर नई शुरुआत के लिए जगह बनाती हैं। माँ का यह रूप हमें बदलाव को स्वीकार करना सिखाता है, और बताता है कि हर "अंत" एक नई और बेहतर शुरुआत की तैयारी है।

अंत में, वह 'सरस्वती' हैं—ज्ञान, कला और पवित्र वाणी की देवी। जैसे साफ़ पानी की बहती नदी, माँ का यह रूप हमें बुद्धि, रचनात्मकता और बोलने की कला का आशीर्वाद देता है। वह हमारी वाणी को सत्य का अस्त्र बनाती हैं और विचारों को कलाकृति। वह हमें वह शक्ति देती हैं कि जब हम बोलें, तो हमारी बातों में दिव्य वजन हो।

सुनहरा संगम: संपूर्ण महाविद्या मार्ग

इसलिए, हमें यह समझना चाहिए कि माँ बगलामुखी केवल एक देवी नहीं, बल्कि सभी महान ज्ञान देवियों का एक तेजस्वी संगम हैं। वह एक आध्यात्मिक प्रिज्म की तरह हैं जिसमें ललिता की शांति, भैरवी की अग्नि, शांता की स्थिरता और अन्नपूर्णा का पोषण सब कुछ शामिल है। वह कुलेश्वरी का कवच, वाराही का दृढ़ निश्चय, छिन्नमस्ता का साहस, तारा का मार्गदर्शन, काली की परिवर्तनकारी गहराई और सरस्वती का ज्ञान—सब कुछ अपने भीतर समेटे हुए हैं।

माँ बगलामुखी की सुनहरी आभा में कदम रखते ही, हमें अन्य सभी महाविद्याओं का आशीर्वाद अपने आप मिल जाता है। हम केवल एक देवी की पूजा नहीं कर रहे; हम 'दिव्य देवी-शक्ति' के पूरे स्वरूप से जुड़ रहे हैं, जो हमारे शरीर, मन और आत्मा के हर स्तर पर हमें शक्तिशाली बनाता है।

VERSE 4

जगत्पूज्या महामाया कामेशी भगमालिनी।
दक्षपुत्री शिवांकस्था शिवरुपा शिवप्रिया ॥ ४ ॥

Jagatpūjyā Mahāmāyā Kāmeśī Bhagamālinī ।
Dakṣaputrī Śivānkasthā Śivarupā Śivapriyā ॥ 4 ॥

पूर्ण जगत द्वारा पूजे जानी वाली, महामाया, कामेशी (इच्छाओं और कामनाओं की अधिपति), भगमालिनी (समस्त सृष्टि की नियंत्रण करने वाली और सभी प्रकार के भोगों की देवी), दक्ष की पुत्री (देवी सती), शिवांकस्था (शिव की अर्धांगिनी), आप शिव का रूप हैं (शिव की आध्यात्मिक और दिव्य शक्ति), शिव प्रिया हैं।

Worshiped by the entire world, Mahamaya, Kameshi (lord of desires and wishes), Bhagmalini (controller of the entire creation and goddess of all kinds of enjoyments), daughter of Daksha (Goddess Sati), Shivankastha (consort of Shiva), You are the form of Shiva (spiritual and divine power of Shiva), You are Shiva-Priya..

सार्वभौमिक आराध्या: जगतपूज्या और महामाया

कल्पना कीजिए कि पूरा ब्रह्मांड—एक सूक्ष्म परमाणु से लेकर सुदूर आकाशगंगाओं तक—मौन श्रद्धा में नतमस्तक है। माँ बगलामुखी जगत्पूज्या हैं, जिनके चरणों की वंदना हर लोक और हर आयाम में की जाती है। वे संपूर्ण ब्रह्मांड का आश्रय हैं। फिर भी, वे महामाया भी हैं, जो इस संसार के भ्रम के जाल को बुनती हैं। महामाया के रूप में, वे उस वास्तविकता का आधार हैं जिसे हम देखते और महसूस करते हैं—एक ऐसा ताना-बाना जो ईश्वरीय चेतना के धागों से बुना गया है। वे एक अनूठा विरोधाभास हैं: वे वह शक्ति हैं जो संसार के 'खेल' से परम सत्य पर पर्दा डाल देती हैं, लेकिन वे ही एकमात्र ऐसी शक्ति भी हैं जो उस पर्दे को हटा सकती हैं। महामाया के इसी विशाल आवरण के भीतर धूमावती का 'धुंधला' सार छिपा है; वे ही हमें सबसे पहले यह दिखाती हैं कि यह संसार धुएं की तरह क्षणभंगुर (नाशवान) है—इससे पहले कि बगलामुखी की स्थिरता उस भ्रम को पूरी तरह मिटा दे।

अंततः, वे दस महाविद्याओं में से एक हैं, जो दिव्य माँ के सबसे प्राचीन और सबसे कम समझे जाने वाले स्वरूप का प्रतिनिधित्व करती हैं—वह शून्यता जो सब कुछ समाप्त होने के बाद भी शेष रहती है। वे 'धूम्र-विधवा' हैं, जो अकेलेपन और निराशा में छिपे गहरे ज्ञान का प्रतीक हैं। वे हमें सिखाती हैं कि जब सांसारिक अपेक्षाएं टूटती हैं, तब केवल सत्य ही बचता है। उनकी कथा को अक्सर एक प्रतीकात्मक अर्थ में समझा जाता है, न कि केवल एक घटना के रूप में। यह दिव्य माँ द्वारा पूरे ब्रह्मांड (शिव के रूप में) को स्वयं में समाहित करने का एक रूपक है, जहाँ 'धुआं' संसार की उस अस्थायी और मायावी स्थिति को दर्शाता है जो पूर्ण प्रलय से पहले दिखाई देती है। एक कुशल जादूगर की तरह जो एक अद्भुत तमाशा दिखाता है, वे ही सृष्टि, पालन और संहार के इस ब्रह्मांडीय नृत्य का संचालन करती हैं। उनकी आराधना करने का अर्थ है उस जादूगर से यह प्रार्थना करना कि वे हमें इस भौतिक जगत के पर्दे के पीछे की सच्चाई दिखा दें।

इच्छाओं की स्वामिनी: कामेशी और भगमालिनी

वह 'कामेशी' हैं—सभी इच्छाओं और कामनाओं की स्वामिनी। वह हमारे हृदय की तड़प की डोर थामे रहती हैं। यह कोई ऐसा बल नहीं है जो सिर्फ दुनियावी लालच को

बढ़ावा दे; बल्कि यह वह दिव्य प्रेरणा है जो आत्मा को उसके सच्चे उद्देश्य की ओर ले जाती है। जैसे मिट्टी में दबा बीज सूरज की ओर बढ़ने के लिए तड़पता है, वैसे ही 'कामेशी' वह ऊर्जा है जो हमें ईश्वर से मिलने की तड़प देती है।

उनमें 'भगमालिनी' का सार भी बसा है, जो सृष्टि के आनंद के फूलों की माला पहनती हैं। वह ब्रह्मांडीय बगीचे की नियंत्रिका हैं। हालाँकि, वह जो सुख देती हैं, वह केवल भौतिक नहीं है; वह आध्यात्मिक आनंद और ईश्वर के साथ तालमेल बिठाकर जीने का सुख है। जैसे एक कुशल माली हर फूल का ध्यान रखता है, वैसे ही वह ब्रह्मांडीय व्यवस्था को चलाती हैं ताकि हमारी आत्मा का आनंद अपनी पूरी चमक के साथ खिले। माँ के ये रूप हमारी बेकार की भागदौड़ को 'प्रार्थना' में बदल देते हैं, और 'ज्यादा पाने' की होड़ को 'स्वयं को पाने' की यात्रा में बदल देते हैं। जब हम इन इच्छाओं को अपनाते हैं, तो हम पाते हैं कि हमारी गहरी इच्छाएं भटकाव नहीं, बल्कि वे दिशा-सूचक हैं जो हमें घर (ईश्वर) तक ले जाती हैं।

पवित्र परंपरा: दक्षपुत्री

माँ को 'दक्षपुत्री' भी माना जाता है। यह नाम एक महान और प्राचीन इतिहास को दर्शाता है, जो उन्हें सती के बलिदान और उनकी अटूट भक्ति से जोड़ता है। यह उनकी 'आदि शक्ति' होने का प्रमाण है। यह सत्य के प्रति उनकी निष्ठा को दर्शाता है। वह परंपरा की पुत्री हैं, फिर भी वह अपनी दिव्य अग्नि से उस परंपरा को पार कर जाती हैं।

बगलामुखी साधना के संदर्भ में 'दक्षपुत्री' होना यह संकेत देता है कि साधक को भी अपनी 'जड़ों' और 'संस्कारों' का सम्मान करते हुए उनमें छिपे अहंकार को पहचानना होगा। जैसे माँ ने दक्ष के अहंकार को नष्ट कर शिव (चेतना) को चुना, वैसे ही यह स्वरूप हमें अपनी वैचारिक जकड़न से मुक्त होकर शुद्ध चेतना की ओर बढ़ने की प्रेरणा देता है।

अटूट एकता: शिवानकस्था और शिवरूपा

इस स्तोत्र का सबसे गहरा रहस्य उनका और शिव का संबंध है। वह 'शिवानकस्था' हैं—जो शिव की गोद में विराजमान हैं। यह ऊर्जा (शक्ति) और चेतना (शिव) के अटूट

मिलन का प्रतीक है। अर्धनारीश्वर को याद करें—जहाँ पुरुष और स्त्री के बीच का भेद मिट जाता है। माँ बगलामुखी इसी एकता का रूप हैं। वह 'शिवरूपा' भी हैं—अर्थात वह स्वयं शिव का ही स्वरूप हैं। यह हमें बताता है कि सर्वोच्च स्तर पर, शक्ति और शक्ति को चलाने वाले में कोई अंतर नहीं है। जैसे आग को गर्मी से और सूरज को उसकी रोशनी से अलग नहीं किया जा सकता, वैसे ही बगलामुखी शक्ति और शिव दोनों हैं। वह अनंत का ही देवी रूप हैं।

शाश्वत प्रियतमा: शिवप्रिया

अंत में, वह 'शिवप्रिया' हैं—शिव की प्रिय। यह नाम उस गहरे, शाश्वत प्रेम को दर्शाता है जो ब्रह्मांड में संतुलन बनाए रखता है। ब्रह्मांडीय नृत्य में, वह शिव की धुन में ताल हैं, उनकी स्थिरता में शक्ति हैं। उनका रिश्ता जरूरत का नहीं, बल्कि एक-दूसरे की दिव्यता को पहचानने का है।

ब्रह्मांडीय शासिका

इसलिए, माँ बगलामुखी सार्वभौमिक रूप से पूजनीय 'महामाया' हैं। वह हमारी गहरी इच्छाओं की स्वामिनी हैं, ब्रह्मांडीय आनंद की शासिका हैं, पवित्र परंपरा की राजकुमारी हैं और महादेव की प्रियतमा हैं। वह दिव्य देवी-शक्ति का सर्वोच्च रूप हैं, जिनकी कृपा देवता और मनुष्य दोनों चाहते हैं। उनकी शक्ति से दुनिया के भ्रम शांत हो जाते हैं, और भक्त इच्छा, भक्ति और ज्ञान के मार्ग से होता हुआ अंत में परमात्मा की गोद में विश्राम पाता है।

VERSE 5

सर्व-सम्पत्करी देवी सर्वलोक वशंकरी।
वेदविद्या महापूज्या भक्ताद्वेषी भयंकरी ॥ ५ ॥

Sarva-Sampatkarī Devī Sarvaloka Vaśankarī ।
Vedavidyā Mahāpūjyā Bhaktādveṣī Bhayankarī ॥ 5 ॥

सभी को ऐश्वर्य, समृद्धियाँ देने वाली, सभी लोकों को वश में करने वाली, आप वेदों और विद्या की महान पूज्यनीय हैं (ज्ञान की देवी), और अपने भक्तों से द्वेष करने वालों (दुष्टों) के लिए भयंकर रूप धारण करती हैं।

The giver of opulence and prosperity to all, the one who subdues all the worlds, you are the great worshiper of the Vedas and Vidya (goddess of knowledge), and assume a terrible form for those who hate your devotees (evildoers)..

अनंत समृद्धि की रानी: सर्व-संपत्करी

कल्पना कीजिए एक ऐसी रानी की जिनका हृदय इस विशाल ब्रह्मांड जितना बड़ा है, और जिनकी सबसे बड़ी खुशी अपने भक्तों की प्रगति देखना है। माँ बगलामुखी 'सर्व-संपत्करी' हैं—वह देवी जो हर प्रकार के धन की रचयिता और देने वाली हैं। जब हम इस रूप में उन्हें पुकारते हैं, तो हम केवल पैसों या सुख-सुविधाओं की मांग नहीं कर रहे होते। हम 'संपत्ति' के उस मूल स्रोत को बुला रहे होते हैं जिसमें आध्यात्मिक गहराई, अच्छा स्वास्थ्य, मन की स्पष्टता और आत्मा की सच्ची जरूरतों की पूर्ति शामिल है।

एक 'कल्पवृक्ष' के बारे में सोचिए, जिसकी शाखाएं हर नेक इच्छा के सुनहरे फलों से लदी हैं। चाहे वह दुनिया में सम्मान के साथ जीने के लिए भौतिक स्थिरता हो या मोक्ष पाने के लिए आध्यात्मिक धन—माँ सब कुछ देने में समर्थ हैं। वह हमें याद दिलाती हैं कि जब हम खुद को 'दिव्य ऊर्जा' के साथ जोड़ लेते हैं, तो समृद्धि हमारा जन्मसिद्ध अधिकार बन जाती है।

ब्रह्मांडीय संतुलन की स्वामिनी: सर्वलोक वशंकरी

माँ का प्रभाव हमारी मानवीय आँखों से बहुत परे, हर आयाम के कण-कण में फैला है। वह 'सर्वलोक वशंकरी' हैं, जो सभी लोकों को नियंत्रित और संतुलित करती हैं। यह नियंत्रण किसी अत्याचारी के डर से नहीं, बल्कि 'सत्य' की अटूट शक्ति से आता है।

एक कुशल राजनयिक की तरह, जो किसी बिखरी हुई दुनिया में फिर से व्यवस्था कायम करता है, माँ बगलामुखी ब्रह्मांडीय शक्तियों के बीच एक सही संतुलन बनाती हैं। वह पूरी दुनिया को अपने दिव्य कानून के साथ तालमेल में वापस ले आती हैं। जब हमें लगता है कि हमारे चारों ओर की दुनिया हाथ से निकल रही है, तो हम उन्हें शक्ति के मुख्य केंद्र के रूप में देखते हैं।

पवित्र ज्ञान का हृदय: वेदविद्या और महापूज्या

माँ के शांत हृदय में वेदों और सभी पवित्र शास्त्रों का गहरा ज्ञान बसा है। वह 'वेदविद्या' और 'महापूज्या' हैं—दिव्य ज्ञान का अत्यंत पूजनीय स्वरूप। वह केवल ग्रंथों की रक्षक नहीं हैं, बल्कि उनमें छिपे उस ज्ञान का सार हैं।

उस साधक के बारे में सोचिए जिसने हजारों साल ध्यान किया हो और सच्चाई के साथ इतना एक हो गया हो कि उसके भीतर से प्रकाश फूटने लगे; यही वह ऊर्जा है जो बगलामुखी के पास है। वे वह प्रकाश हैं जो कठिन चीजों को सरल और छिपे हुए रहस्यों को स्पष्ट कर देती हैं। उन्हें 'वेदविद्या' के रूप में पूजने का अर्थ है आत्मा की उच्च शिक्षा को पाना—वह दृष्टि जिससे हम ब्रह्मांड की किताब को एक जागृत इंसान की तरह पढ़ सकें।

आत्मा का उग्र रक्षक कवच: भक्ताद्वेषी और भयंकरी

हालाँकि, यह दयालु रानी और ज्ञानी शिक्षक का एक दूसरा पक्ष भी है—एक ऐसा पक्ष जो उग्र सुरक्षा से जन्मा है। जो लोग उनके भक्तों के प्रति द्वेष, नफरत या बुरी भावना रखते हैं, उनके लिए माँ 'भक्ताद्वेषी' और 'भयंकरी' हो जाती हैं। उस समय वह इतनी भयानक रूप धारण कर लेती हैं कि दुष्टों का हृदय डर से जम जाता है।

एक ऐसी माँ के बारे में सोचिए जिसके बच्चे को अचानक कोई खतरा महसूस हो। पल भर में, उसकी कोमलता गायब हो जाती है और उसकी जगह एक आदि, न रुकने वाली रक्षात्मक शक्ति ले लेती है। माँ बगलामुखी अपने "प्रिय बच्चों" के लिए एक अभेद्य ढाल की तरह खड़ी हैं। उनका भयानक रूप क्रूरता की निशानी नहीं, बल्कि न्याय के प्रति उनकी अटूट प्रतिबद्धता है। एक शुद्ध आत्मा को नुकसान पहुँचाने की कोशिश करने वाली काली शक्तियों के लिए, माँ की उपस्थिति 'स्तंभन' है—एक ऐसी चोट जो दुष्टों के इरादों को ही मिटा देती है। वह साबित करती हैं कि सच्चा दयालु होने के लिए, बुराई की ताकतों के खिलाफ एक उग्र योद्धा बनने की हिम्मत भी होनी चाहिए।

शांति और शक्ति का अद्भुत संगम

अतः, हम देखते हैं कि माँ बगलामुखी हमारे जीवन की सबसे बड़ी रक्षक हैं। वह दयालु माँ भी हैं जो हमें सुख-समृद्धि का आशीर्वाद देती हैं, ब्रह्मांड को संभालने वाली स्वामिनी भी हैं, और वह ज्ञानी भी हैं जो वेदों के रहस्य हमारे हृदय में फुसफुसाती हैं। साथ ही, वे वह शक्तिशाली रक्षक भी हैं जो हमारी आध्यात्मिक यात्रा के द्वार पर खड़ी हैं, और हमारी प्रगति को नुकसान पहुँचाने वाली हर चीज को डराने के लिए तैयार हैं।

उनमें हमें एक सही संतुलन मिलता है: वह उदारता जो हमें बढ़ने के लिए सब कुछ देती है, और वह सुरक्षा जो हमें आगे बढ़ने का हौसला देती है। वह अपने भक्तों और दुनिया के अंधेरों के बीच की सुनहरी दीवार हैं, जो यह सुनिश्चित करती हैं कि अंत में हमेशा 'धर्म' और 'सत्य' की ही जीत हो।

VERSE 6

स्तम्भ-रुपा स्तम्भिनी च दुष्टस्तम्भनकारिणी।
भक्तप्रिया महाभोगा श्रीविद्या ललिताम्बिका॥ ६॥

Stambha-Rupā Stambhinī Ca Duṣṭastambhanakāriṇī ।
Bhaktapriyā Mahābhogā Śrīvidyā Lalitāmbikā ॥ 6 ॥

आप स्तंभरूपा (स्थिरता और अचलता का प्रतीक) हैं जो संकट के समय में अपने भक्तों को दृढ़ता प्रदान करती हैं। आप स्तंभित करने की शक्ति हैं जो दुष्टों की नकारात्मक शक्तियों और क्रियाओं को रोकने में सक्षम है। आप दुष्टों को स्तंभित करने की कारक हैं, भक्तों की प्रिय हैं, महा सुख प्रदान करती हैं, आप ही श्रीविद्या लक्ष्मी हैं और ललिताम्बिका हैं जो सौंदर्य, समृद्धि, और दिव्य ज्ञान की देवी हैं।

You are the pillar (symbol of stability and immovability) who provides strength to your devotees in times of crisis. You are the power to erect that is able to stop the negative forces and actions of the wicked. You are the destroyer of the wicked, beloved of the devotees, the giver of great happiness, you are Srividya Lakshmi and Lalitambika, the goddess of beauty, prosperity, and divine knowledge..

अटल स्तंभ: स्तम्भ-रूपा

कल्पना करें कि आपके जीवन के मैदान में एक भयंकर और बेकाबू तूफान आया है, जो आपकी शांति, आपके परिवार और आपके उद्देश्य को उखाड़ने की कोशिश कर रहा है। डर और उथल-पुथल के इस क्षण में, माँ बगलामुखी 'स्तम्भ-रूपा' के रूप में प्रकट होती हैं—जो कभी न हिलने वाला एक अटूट खंभा हैं। वह स्थिरता का साक्षात रूप हैं।

जैसे एक पर्वत जिसकी जड़ें धरती की गहराई तक जाती हैं, वैसे ही माँ जीवन के तूफानों में बिना हिले खड़ी रहती हैं। भक्त के लिए, वह सबसे बड़ा सहारा बन जाती हैं। जब दुनिया बेकाबू घूमने लगे, तो वह शक्ति का वह स्थिर बिंदु हैं जिस पर आप टिक सकते हैं। उनकी उपस्थिति कहती है: 'मैं यहाँ हूँ, और मैं कहीं नहीं जाऊंगी।' वे वह अटूट समर्थन देती हैं जिससे हम तब भी खड़े रह सकते हैं जब हमारे नीचे की जमीन कांप रही हो।

दिव्य स्तम्भन: स्तम्भिनी और दुष्ट-स्तम्भनकारिणी

केवल एक खंभा होने के अलावा, वह 'स्तम्भिनी' हैं—वह शक्ति जो दुष्टों की बुरी ताकतों को रोककर बेअसर कर देती है। एक जहरीले सांप की कल्पना करें जो वार करने के लिए तैयार हो, और अचानक किसी की सुनहरी नजर से वह पत्थर की मूर्ति बन जाए। यही 'स्तम्भन' शक्ति का काम है। वह हमेशा दुश्मन को नष्ट नहीं करतीं; अक्सर, वह बस उनकी नुकसान पहुँचाने की क्षमता को ही खत्म कर देती हैं।

'दुष्ट-स्तम्भनकारिणी' के रूप में, वह इस रुकावट का असली कारण हैं। उनकी दिव्य इच्छा एक अभेद्य और अदृश्य दीवार की तरह काम करती है। वह उन हानिकारक आवाजों को चुप करा देती हैं जो अफवाहें फैलाती हैं, और विनाशकारी योजनाओं को शुरू होने से पहले ही रोक देती हैं। इसे एक ऐसी पवित्र शक्ति समझें जो बुराई के हाथ बांध देती है, ताकि वे निर्दोषों पर साया न डाल सकें। वह इस शक्ति का उपयोग न्याय और एकाग्रता के साथ करती हैं, यह साबित करते हुए कि सबसे बड़ा हथियार वह है जो पूरी तरह शांति पैदा कर देता है। यह दिव्य चुप्पी केवल एक खालीपन नहीं, बल्कि एक पवित्र 'विराम' है जो हमारे भीतर की स्पष्टता को बाहर आने देता है। उनका आह्वान

करके, हम सीखते हैं कि असली ताकत शोर में चिल्लाने में नहीं, बल्कि खुद में और अपने आसपास शांति बनाए रखने में है।

शेरनी और उसके बच्चे: भक्तप्रिया

फिर भी, हमें कभी इस प्रचंड शक्ति को ठंडा या निर्दयी नहीं समझना चाहिए।फिर भी, हमें उनकी इस प्रचंड शक्ति को उनकी कठोरता समझने की भूल से बचना चाहिए। अपनी इस कठोरता के बीच, वह 'भक्तप्रिया' बनी रहती हैं—जो अपने भक्तों को बहुत प्यार करती हैं और बदले में उन्हें अनंत गहराई के साथ चाहती हैं।

उनकी ताकत एक पनाहगाह है, प्यार और समझ का मंदिर है। एक शेरनी की कल्पना करें, जिसके पंजे और दांत लड़ाई के लिए तैयार हैं, फिर भी अपने बच्चों को सहलाते समय उसका स्पर्श कितना कोमल होता है। यही बगलामुखी के प्यार का स्वरूप है। वह दुनिया के लिए उग्र हैं ताकि वह आपके लिए कोमल रह सकें। वे वह रक्षक हैं जो आपके दिल की फुसफुसाहट को जानती हैं और आपकी भक्ति को सबसे ऊपर रखती हैं।

अनंत आनंद का स्रोत: महाभोग

वह 'महाभोग' देने वाली भी हैं। यह उन छोटे-मोटे सुखों तक सीमित नहीं है जो इंद्रियों को मिलते हैं और अंत में खालीपन देते हैं। 'महाभोग' उस गहरे, दिव्य आनंद को कहते हैं जो आध्यात्मिक विकास और ईश्वर से जुड़ाव से मिलता है। एक ऐसी आत्मा की कल्पना करें जो अब भागना छोड़ चुकी है और दिव्य कृपा में 'विश्राम' कर रही है। यह वह गहरी संतुष्टि और आनंद है जो बगलामुखी देती हैं। वह सुनिश्चित करती हैं कि उनके भक्त जीवन की पूर्णता का अनुभव करें, जहाँ हर सांस में उनकी उपस्थिति की मिठास हो। वह ऐसी खुशी का स्रोत हैं जिसे दुनिया की हार-जीत नहीं हिला सकती।

तेजस्वी ज्ञान: श्रीविद्या और ललिताम्बिका

इसके अलावा, वह 'श्रीविद्या' हैं, जो सबसे पवित्र और गुप्त ज्ञान का रूप हैं। यह बुद्धि की 'लक्ष्मी' है—वह ज्ञान जो भौतिक सफलता और आध्यात्मिक मुक्ति दोनों की ओर ले जाता है। एक चमकते हुए, बहुमूल्य रत्न की तरह जो सुंदरता और धन दोनों देता है,

माँ का यह रूप हमें सही-गलत की परख करने की शक्ति देता है, ताकि हम रास्ते से भटके बिना भरपूर जीवन जी सकें।

अंत में, वह 'ललिताम्बिका' के रूप में प्रकट होती हैं, जो ब्रह्मांड की सुंदर और दयालु माँ हैं। वह सुंदरता, समृद्धि और दिव्य ज्ञान का प्रतीक हैं। एक ऐसी देवी की कल्पना करें जिनकी उपस्थिति पूरे ब्रह्मांड को शहद जैसी मीठी और घर जैसी सुनहरी रोशनी से भर देती है। यही माँ बगलामुखी की व्यापक कृपा है। वह सबूत हैं कि ब्रह्मांड की सर्वोच्च शक्ति केवल ताकतवर नहीं, बल्कि बहुत सुंदर और दयालु भी है।

स्वर्णमयी सार

इसलिए, हम माँ बगलामुखी को कमजोरी के समय अटूट खंभा, शत्रुओं को चुप कराने वाली और हमारी आत्मा की प्रेमपूर्ण रक्षक के रूप में देखते हैं। वह हमारे सबसे बड़े आनंद का स्रोत और सबसे गहरे ज्ञान की शिक्षिका हैं। उनके रास्ते पर चलने का मतलब है मजबूती के साथ टिके रहना, उनके प्यार से सुरक्षित रहना और उनकी सुंदरता के प्रकाश में रहना। वह वह माँ हैं जो तूफान को शांत करती हैं ताकि उनका बच्चा अंत में भोर (सुबह) की शांति को महसूस कर सके।

VERSE 7

मैनापुत्री शिवानन्दा मातंगी भुवनेश्वरी।
नारसिंही नरेन्द्रा च नृपाराध्या नरोत्तमा॥ ७॥

Maināputrī Śivānandā Mātangī Bhuvaneśvarī ।
Nārasiṃhī Narendrā Ca Nṛpārādhyā Narottamā ॥ 7 ॥

मैना की पुत्री (देवी पार्वती) हैं, शिवानंद (शिव की आराध्या और जीवन संगिनी) हैं, मातंगी (ज्ञान, संगीत, और वाक् शक्ति की देवी), भुवनेश्वरी (संपूर्ण ब्रह्मांड और सृष्टि की अधिष्ठात्री देवी) हैं, नारसिंही (भगवान नृसिंह की शक्ति) और नरेंद्रा (दिव्य संरक्षण और शासन) हैं। आप नृपराध्या (राजाओं द्वारा पूजनीय), 'नरोत्तमा' (उत्कृष्ट मानवों में श्रेष्ठ, जो उनके दिव्य गुणों और आध्यात्मिक उत्कर्ष को संदर्भित करता है।) है।

You are the daughter of Maina (Goddess Parvati), Shivananda (worshipper and life partner of Shiva), Matangi (goddess of knowledge, music, and speech), Bhuvaneshwari (presiding goddess of the entire universe and creation), Narasimhi (Lord Narsimha). power) and Narendra (divine protection and rule). You are Nriparadhya (revered by kings), 'Narottama' (best among exalted human beings, which refers to their divine qualities and spiritual exaltation)..

ऊंचाइयों की शांत शक्ति: मैनापुत्री और शिवानंदा

कल्पना कीजिए उन शानदार हिमालयों की, जो दुनिया के खामोश और सफेद रक्षक हैं, जहाँ हवा बहुत पतली है लेकिन आत्मा की शक्ति बहुत घनी। इन्हीं ऊंचे शिखरों के हृदय से जन्मी हैं 'मैनापुत्री'—रानी मैना की बेटी, स्वयं प्यारी माता पार्वती। इस रूप में, माँ बगलामुखी पर्वतों की शांत और अडिग शक्ति का प्रतीक हैं। वह उस देवी-शक्ति का रूप हैं जो हर उथल-पुथल को एक गहरी शांति में बदल देती हैं। वह एक ऐसी मौजूदगी हैं जो मन के सबसे जंगली तूफानों को भी एक पल में शांत कर देती हैं।

वह 'शिवानंदा' भी हैं, जो भगवान शिव के साथ मिलन के कारण हमेशा आनंद की स्थिति में रहती हैं। यह चेतना और ऊर्जा का वह शाश्वत नृत्य है, जहाँ पानी की एक बूंद को एहसास होता है कि वह हमेशा से सागर ही थी। जैसे दो आत्माओं के बीच का वह पूर्ण तालमेल जिनका प्यार इतना शुद्ध है कि वह पूरे ब्रह्मांड को थामे हुए है, माँ बगलामुखी और शिव उसी मिलन का प्रतीक हैं। उनकी उपस्थिति हमारे जीवन में शिव के 'आनंद' को ले आती है, और हमें याद दिलाती है कि आध्यात्मिक संघर्ष का अंत एक ऐसी खुशी है जो शब्दों से परे है।

आत्मा की आवाज और ब्रह्मांड की रानी: मातंगी और भुवनेश्वरी

ज्ञान, संगीत और वाणी की ऊर्जा को कल्पना कीजिए, जो एक सुनहरी नदी की तरह पूरे ब्रह्मांड में बह रही है। माँ बगलामुखी 'मातंगी' का रूप हैं—जो "बोले गए शब्दों" और ललित कलाओं की देवी हैं। जैसे एक कुशल संगीतकार की धुन पत्थर के दिल को भी पिघला सकती है, या एक बुद्धिमान कवि के शब्द आत्मा में क्रांति ला सकते हैं, वैसे ही माँ का यह रूप हमें बोलने की कला और कलात्मक प्रतिभा देता है। वह हमारी जुबान पर वह शक्ति देती हैं जिसे 'वाक्' कहते हैं, ताकि हमारे शब्द केवल शोर न हों, बल्कि सत्य और सुंदरता के औजार बनें।

वह आगे बढ़कर 'भुवनेश्वरी' बनती हैं, जो पूरे ब्रह्मांड की रानी हैं और सब कुछ जो हमें दिखता है, उसकी अधिष्ठात्री देवी हैं। जैसे एक प्यारी माँ पूरे घर को समझदारी और कोमलता के साथ संभालती है, वैसे ही वह ब्रह्मांड के इस विशाल विस्तार की देखरेख करती हैं। वे वह स्थान हैं जिसमें हम सांस लेते हैं और वह कोख हैं जिसमें पूरी सृष्टि का

पालन-पोषण होता है। उनकी नजर में सब कुछ सुरक्षित है; वह हर जीव को अपनी अनंत और सुरक्षा भरी गोद में समेटे हुए हैं।

उग्र रक्षक और दिव्य शासक: नारसिंही और नरेन्द्रा

उनके सुनहरे रूप के भीतर 'नारसिंही' की बिजली जैसी तेज ऊर्जा बसती है—जो भगवान नरसिंह की देवी-शक्ति है। यह विष्णु की वह शेर जैसी ऊर्जा है, जो बुराई का नाश करने और निर्दोषों की रक्षा करने के लिए पलक झपकते ही प्रकट हो जाती है। जब किसी शुद्ध आत्मा को खतरा महसूस होता है, तो बगलामुखी 'नारसिंही' के रूप में ऐसी दहाड़ के साथ खड़ी होती हैं कि तीनों लोक कांप उठते हैं। वे वह न्याय हैं जो अत्याचारी को सबक सिखाती हैं और वह "सुरक्षा की भावना" हैं जो भक्त को अन्याय की परछाइयों से दूर रखती हैं।

वह 'नरेन्द्रा' भी हैं, यानी मनुष्यों के बीच शासक। यह बताता है कि हर उचित शासन उनकी दिव्य सत्ता का ही प्रतिबिंब है। वे वह कृपा हैं जो एक बुद्धिमान और दयालु नेता के माथे पर चमकती है। जैसे एक राजा अपने सबसे साधारण नागरिक की भलाई का ध्यान रखता है, वैसे ही माँ बगलामुखी सत्ता में बैठे लोगों को अपनी बुद्धि का आशीर्वाद देती हैं, और उन्हें 'धर्म' के मार्ग पर चलने के लिए प्रेरित करती हैं। वह हमें याद दिलाती हैं कि सच्चा नेतृत्व एक पवित्र सेवा है, क्योंकि हम उन आत्माओं के रक्षक हैं जिनकी जिम्मेदारी हमारे कंधों पर है।

मानवीय भावना की उत्कृष्टता: नृपाराध्या और नरोत्तमा

'नृपाराध्या' के रूप में, वह राजाओं और सम्राटों द्वारा पूजनीय हैं। कल्पना कीजिए इतिहास के सबसे शक्तिशाली राजाओं की, जो अपने मुकुट उनके चरणों में रखे हुए हैं, एक समृद्ध राष्ट्र को चलाने के लिए मार्गदर्शन मांग रहे हैं। वे जानते हैं कि उनकी सांसारिक शक्ति केवल माँ के अनंत खजाने से मिला हुआ एक उधार है। वह रणनीतिक बुद्धि और नैतिक साहस का स्रोत हैं जो एक शासन को थामने के लिए जरूरी है।

अंत में, वह 'नरोत्तमा' हैं, यानी मनुष्यों में सबसे उत्तम—जो हमारे विकास की उच्चतम क्षमता का प्रतीक हैं। वह उस "सर्वश्रेष्ठ" का प्रतिनिधित्व करती हैं जिसने आध्यात्मिक

पूर्णता पा ली है। एक लंबी यात्रा के अंत में खड़ी शुद्ध रोशनी की मीनार की तरह, माँ का यह रूप हमें आंतरिक उत्कृष्टता के लिए प्रयास करने की प्रेरणा देता है। वह हमें दिखाती हैं कि जीवन का लक्ष्य 'नरोत्तमा' बनना है—अपने ही मानवीय रूप में देवी के दिव्य गुणों को प्रकट करना।

कृपा और शासन का सुनहरा मेल

इसलिए, माँ बगलामुखी पार्वती की शांत पर्वतीय शक्ति हैं, अनंत की आनंदमयी साथी हैं, मातंगी की मधुर वाणी हैं और ब्रह्मांडीय माँ भुवनेश्वरी हैं। वह नारसिंही का उग्र शेर-हृदय, नरेन्द्रा का शाही अधिकार, और नरोत्तमा की आध्यात्मिक पूर्णता अपने भीतर रखती हैं।

वह 'दिव्य स्त्री-शक्ति' को उसके सबसे कोमल और सबसे शक्तिशाली रूपों में समेटे हुए हैं। उनकी पूजा करने का मतलब है न केवल सुरक्षा मांगना, बल्कि स्वयं को अपने सबसे उत्कृष्ट संस्करण में बदलने की प्रेरणा पाना। वह वह माँ हैं जो दुनिया की रक्षा करती हैं, वह रानी हैं जो हमारे कर्मों का मार्गदर्शन करती हैं, और वह प्रकाश हैं जो हमें हमारे अपने आध्यात्मिक शिखर की ओर ले जाती हैं।

VERSE 8

नागिनी नागपुत्री च नगराजसुता उमा ।
पीताम्बा पीतपुष्पा च पीतवस्त्रप्रिया शुभा ॥ ८ ॥

Nāginī Nāgaputrī Ca Nagarājasutā Umā ।
Pītāmbā Pītapuṣpā Ca Pītavastrapriyā Śubhā ॥ 8 ॥

आप नागिनी नाग की पुत्री हैं, नगराज (नागो के राजा) की पुत्री हैं जिनका नाम उमा है। आप पीले रंग के वस्त्र प्रिय हैं, आप को पीले पुष्प प्रिय हैं, आप शुभता और कल्याणकारी हैं।

You are the daughter of Nagini Naag, daughter of Nagaraj (The king of snakes) whose name is Uma. You love yellow clothes, you love yellow flowers, you are auspicious..

गहराइयों का ज्ञान: नागिनी और नागपुत्री

कल्पना कीजिए कि आप नागों की उस रहस्यमयी और चमकती दुनिया में उतर रहे हैं—वे सर्प देवता, जिन्हें हमारी प्राचीन परंपराओं में धरती के सबसे गहरे खजानों का रक्षक और गुप्त ज्ञान का ज्ञाता माना गया है। माँ बगलामुखी को 'नागिनी' और 'नागपुत्री' के रूप में पूजा जाता है।

यह संबंध बहुत गहरा है। सर्प (साँप) हमारी 'कुंडलिनी' ऊर्जा का प्रतीक है, जो हमारे भीतर कुंडली मारकर बैठी हुई एक शक्तिशाली शक्ति है। इस रूप में माँ यह दर्शाती हैं कि जीवन की उन छिपी हुई धाराओं पर उनका पूरा नियंत्रण है। वह हमारे अवचेतन मन की अंधेरी और घुमावदार सुरंगों में रास्ता दिखाती हैं, और उन "जहरों" से हमारी रक्षा करती हैं जो हमें बिना दिखे नुकसान पहुँचाते हैं—जैसे कि हमारे मन के भीतर छिपे वे दुश्मन या पुराने डर जो अँधेरे में घात लगाकर बैठे होते हैं। इस रूप में उनकी पूजा करने का मतलब है वह ज्ञान पाना, जो दुनिया की ऊपरी सतह के नीचे छिपा है।

पर्वतों की रानी और नागों के राजा: नागराजसुता उमा

माँ 'नागराज' (नागों के राजा) की प्यारी बेटी हैं, जो इस दुनिया की नींव को थामे हुए हैं। 'नागराजसुता उमा' के रूप में, वह धरती की गहराई और आसमान की ऊंचाइयों के बीच एक पुल की तरह हैं। 'उमा' नाम उन्हें सीधे माता पार्वती (शिव की अर्धांगिनी) के हृदय से जोड़ता है।

इस रूप में, वह कच्ची शक्ति, उर्वरता और अटूट सुरक्षा का प्रतीक हैं। जैसे नागों के राजा उस धरती को स्थिरता देते हैं जिस पर हम चलते हैं, वैसे ही उमा के रूप में माँ हमारे जीवन को एक आध्यात्मिक आधार देती हैं। वह ऊंचाइयों और गहराइयों की बेटी हैं; उनकी वफादारी पहाड़ों की तरह अटल और समुद्र की तरह गहरी है।

सूरज की चमक: पीतांबा

कल्पना करें एक ऐसे मैदान की, जहाँ तक नज़र जाए, दोपहर के सुनहरे सूरज की रोशनी बिखरी है। माँ बगलामुखी 'पीतांबा' हैं, जो पीले वस्त्रों से ढकी हैं। हमारी पवित्र परंपरा में, पीला केवल एक रंग नहीं है; यह पवित्रता, शुभता और सूरज की 'तेज'

(चमकती ऊर्जा) की फ्रीक्वेंसी है। उनके सुनहरे वस्त्र केवल कपड़े नहीं हैं—वे उनकी दिव्य शक्ति का प्रदर्शन हैं। वे एक ब्रह्मांडीय दीपक की तरह हैं, जो अवसाद (डिप्रेशन), संदेह और नकारात्मकता के घने अंधेरे को चीर देते हैं। जब वह अपनी सुनहरी आभा किसी भक्त के चारों ओर लपेटती हैं, तो दुर्भाग्य की परछाइयां बस गायब हो जाती हैं, क्योंकि उनकी रोशनी इतनी तीव्र है कि अंधेरा टिक ही नहीं सकता।

हृदय का अर्पण: पीतपुष्पा

माँ को 'पीतपुष्पा' (पीले फूल) बहुत प्रिय हैं, जिन्हें भक्त शुद्ध हृदय से उन्हें अर्पित करते हैं। गेंदे के फूल हों या हल्दी से रंगे पंख, ये जीवंत फूल हमारे अपने जीवन के "खिले हुए" होने का प्रतीक हैं। लेकिन, इन फूलों का असली रहस्य बाहरी सुंदरता से बहुत गहरा है। दिव्य माँ के इस जादू में, पीला रंग ज्ञान और अहंकार के किनारों को मिटाने का भी प्रतीक है। इसलिए, असली 'पीतपुष्पा' बगीचे से नहीं, बल्कि मन के बगीचे से तोड़ी जाती है। माँ को "पीला" अर्पित करना एक पवित्र समर्पण है—इसका मतलब है अपने मन की पुरानी कड़वाहट, नफरत के कांटों और गुस्से की जड़ों को उखाड़कर फेंक देना।

यह "असली फूल" हैं। जब एक साधक इन्हें माँ को अर्पित करता है, तो वह वास्तव में कह रहा होता है: "मैं अपनी नफरत की कड़वाहट को छोड़ता हूँ, ताकि आपकी स्पष्टता का अमृत पा सकूँ।" माँ इन फूलों—और इस आंतरिक समर्पण—को उस कृपा के साथ स्वीकार करती हैं, जो उनके प्रिय पीले रंग की तरह ही गर्म और सुखद है। वह हमारे समर्पण को हजार गुना बढ़ाकर हमें वापस देती हैं, और हमारा जीवन शुभता, शांति और उनकी दिव्य उपस्थिति की सुनहरी धूप से भर जाता है।

अच्छाई का सार: पीतवस्त्रप्रिया शुभा

अंत में, वह 'पीतवस्त्रप्रिया शुभा' हैं—जो पीले वस्त्रों से प्रेम करती हैं और स्वयं 'शुभ' (कल्याणकारी) का स्वरूप हैं। पीला रंग इस बात का संकेत है कि वह हर उस चीज़ से जुड़ी हैं जो फायदेमंद, पवित्र और जीवन को बढ़ाने वाली है। किसी घर या दिल में उनकी उपस्थिति एक दिव्य फिल्टर की तरह काम करती है, जो 'अशुभ' को बाहर निकाल देती है और सकारात्मक ऊर्जा को अंदर लाती है। वे वह शुभता हैं जो किसी

काम को सफल और यात्रा को सुरक्षित बनाती है। वह वह सुनहरी चमक हैं जो जीवन के तूफान गुजर जाने के बाद भी बनी रहती है, यह सुनिश्चित करती हुई कि उनके भक्त हमेशा उस रोशनी में चलें जो कभी धुंधली नहीं पड़ती।

धरती और आसमान की स्वर्ण रक्षक

इसलिए, माँ बगलामुखी नागों की रहस्यमयी बेटी, कुंडलिनी का रूप, अटल राजकुमारी उमा और स्वर्णमयी रानी हैं। वह हमारा वह 'आंतरिक कंपास' हैं जो हमें हमारे मन की छिपी हुई गहराइयों में रास्ता दिखाता है, और हमें वह मजबूती देता है जो हमारी आत्मा को रोशनी की ओर ले जाती है।

वह 'पीली किरण' की मालकिन हैं—वह शक्ति जो ठीक करती है, रक्षा करती है और ज्ञानी बनाती है। उनकी कृपा से, दुनिया के छिपे हुए खतरे बेअसर हो जाते हैं, और हमारा जीवन पीले फूलों के एक जीवंत खेत में बदल जाता है, जो माँ की प्रेमपूर्ण और सतर्क निगाहों के नीचे खिलता रहता है।

VERSE 9

पीतगन्धप्रिया रामा पीतरत्नार्चिता शिवा ।
अर्द्धचन्द्रधरी देवी गदामुद्गरधारिणी ॥ ९ ॥

Pītagandhapriyā Rāmā Pītaratnārcitā Śivā ।
Arddhacandradharī Devī Gadāmudgaradhāriṇī ॥ 9 ॥

आपको पीला चंदन प्रिय है, रामा (धर्म का पालन करने वाली) है, आप ही शिवा हैं जिन्हें पीले रत्न अर्चित किए जाते हैं। आप देवी ने अर्ध-चन्द्र (मुख) धारण किया है जो सौंदर्यपूर्ण और शान्त है, आपने गदा और मुद्गर धारण किया है।

You love yellow aroma, you are Rama (follower of religion), you are Shiva to whom yellow gems are offered. You goddess is wearing a half-moon (face) which is beautiful and peaceful, you are wearing a mace and a club..

भक्ति की धरती जैसी महक: पीतगंधप्रिया

कल्पना कीजिए कि आप एक ऐसे पवित्र स्थान में प्रवेश कर रहे हैं जहाँ की हवा चंदन की खुशबू से महक रही है। माँ बगलामुखी 'पीतगंधप्रिया' हैं, जिन्हें इस पीली खुशबू से बहुत प्रेम है। हमारे मार्ग में, चंदन केवल एक इत्र नहीं है; यह धरती की शीतलता और स्थिरता का प्रतीक है।

जब कोई भक्त उनकी प्रतिमा पर पीला तिलक लगाता है, तो यह स्थिरता पाने की एक गहरी प्रार्थना होती है। यह खुशबू उस 'गुणों की महक' को दर्शाती है जो एक साधक के जीवन से आनी चाहिए। जो उन्हें प्रिय है, उसे अर्पित करके हम माँ से अपने मन की चिंताओं को ठंडा करने और अपने चंचल दिमाग को उनकी उपस्थिति की पोषणकारी मिट्टी में स्थिर करने की प्रार्थना करते हैं। वह हमें याद दिलाती हैं कि सच्ची भक्ति केवल अनुष्ठान नहीं है, बल्कि एक ऐसा अनुभव है जिसकी महक पूजा खत्म होने के बाद भी आत्मा में बसी रहती है।

धर्म और चमक का मानक: रामा

वह 'रामा' के रूप में भी पूजी जाती हैं—एक ऐसा नाम जो पूरी तरह से धर्म और नैतिकता की ऊर्जा से गूंजता है। जैसे भगवान राम 'मर्यादा पुरुषोत्तम' थे, वैसे ही माँ बगलामुखी 'रामा' के रूप में हमारा आंतरिक नैतिक दिशा-सूचक बन जाती हैं। वह यह सुनिश्चित करती हैं कि हमारी जीत न केवल सफल हो, बल्कि उचित (न्यायपूर्ण) भी हो। वह अपने भक्तों को नैतिकता के कठिन रास्ते पर ले जाती हैं।

हालाँकि, 'रामा' नाम का एक और गहरा और सुनहरा अर्थ है। शास्त्रों में, 'रामा' (आकार के साथ) देवी लक्ष्मी का ही एक नाम है—जो समृद्धि, सुंदरता और ब्रह्मांड की बहती कृपा का प्रतीक है।

माँ बगलामुखी हमें एक अद्भुत संतुलन सिखाती हैं। वह बताती हैं कि धर्म और धन दो अलग रास्ते नहीं हैं; ये एक आध्यात्मिक जीवन के दो फेफड़ों की तरह हैं।

'राम' (धर्म) का अर्थ: यह हमें ढांचा, रीढ़ और ईमानदारी देता है। यह जानने की बुद्धि है कि क्या सही है।

'रामा' (समृद्धि) का अर्थ: यह हमें फल, सुंदरता और धन देता है। यह वह कृपा है जो तब मिलती है जब हम सच के साथ चलते हैं।

अक्सर, लोग केवल धन के पीछे भागते हैं और 'राम' (नियमों) को भूल जाते हैं। वे ईमानदारी के बिना सोना चाहते हैं। माँ बगलामुखी अपनी 'स्तंभन' (ठहराव) की शक्ति का उपयोग करके हमारी इस दौड़ को रोक देती हैं। वह हमें मजबूर करती हैं कि हम रुकें और धर्म के साथ फिर से जुड़ें। वह याद दिलाती हैं: "पहले धर्म को चुनो, चमक तो अपने आप पीछे आएगी।"

चेतना का रत्न: पीतरत्नार्चिता और शिवा

कल्पना कीजिए उनके चरणों में अर्पित किए गए कीमती पुखराज और सुनहरे नीलम की, जिनकी चमक स्वयं माँ की दिव्य आभा से मिलती है। वह 'पीतरत्नार्चिता' हैं—वह शुभ देवी, जिनकी पूजा इन सुनहरे रत्नों से की जाती है।

लेकिन ये रत्न केवल पत्थर नहीं हैं; ये 'मन के रत्न' हैं—स्पष्टता, एकाग्रता और भक्ति जैसे हमारे सबसे मूल्यवान गुण। जब हम ये उन्हें अर्पित करते हैं, तो हम अपनी आंतरिक दुनिया पर उनकी सर्वोच्च सत्ता को स्वीकार करते हैं। वह 'शिवा' भी हैं—शिव की दिव्य शक्ति का स्त्री रूप। इसका अर्थ है कि उनके सुनहरे स्वरूप के भीतर ही ब्रह्मांड को मिटाने और उसे प्रकाश में फिर से बनाने की क्षमता छिपी है।

शांति का चंद्रमा: अर्द्धचंद्रधरी देवी

उनका एक दिव्य रूप बहुत ही शांत और सुंदर है—'अर्द्धचंद्रधरी', यानी वह देवी जिन्होंने सिर पर चंद्रमा धारण किया है। यह चंद्रमा, जो उनके माथे पर सुशोभित है, बुद्धि की शीतलता और समय के चक्र को दर्शाता है।

यह एक ऐसा प्रकाश है जो रात के अंधेरे को बिना सूरज की गर्मी के मिटा देता है। यह उस 'अमृत' का प्रतीक है जो चेतना के चंद्रमा से टपकता है। उनकी भौहों पर चमकता यह चांदी जैसा सुनहरा प्रकाश भक्त को बताता है कि लड़ाई चाहे कितनी भी भीषण क्यों न हो, माँ स्वयं अनंत शांति की स्थिति में रहती हैं।

सत्य की गदा: गदामुद्गरधारिणी

लेकिन, उस चाँद जैसी शांति को देखकर यह न समझें कि वह चुपचाप बैठी रहती हैं। जब स्थिति मांग करती है, तो वह 'गदामुद्गरधारिणी' का रूप लेती हैं—यानी गदा और मुदगर (हथौड़ा) धारण करने वाली। ये केवल हथियार नहीं हैं; ये उनके अधिकार के प्रतीक हैं कि वह नकारात्मकता को कुचल सकती हैं।

गदा दिव्य कानून का भारी वजन है, और मुदगर वह सटीक उपकरण है जो झूठ को उसकी जड़ से मिटा देता है। वह चोट पहुँचाने के लिए नहीं, बल्कि रक्षा करने के लिए प्रहार करती हैं। वह उस योद्धा की तरह हैं जो यह सुनिश्चित करती है कि जब सत्य बोले, तो दुनिया का शोर उनकी शक्ति की गूंज से शांत हो जाए।

कृपा और शक्ति का संतुलन

इसलिए, माँ बगलामुखी पवित्र खुशबू की प्रेमी हैं, नैतिक कानून की रक्षक हैं, मन के बेहतरीन रत्नों से पूजी जाने वाली देवी हैं, और अर्धचंद्र की शांत रानी हैं। लेकिन वह वह शक्तिशाली संरक्षक भी हैं जो अपनी गदा के साथ खड़ी हैं।

वह हमें मन को शांत करने के लिए शांति का 'चंदन' देती हैं और रास्ते को साफ करने के लिए शक्ति की 'गदा'। उनमें चंद्रमा की कोमलता और गदा का न्याय एक सही तालमेल में मौजूद है। वह हर साधक को ईमानदारी से जीने, दिव्यता की खुशबू महसूस करने और परछाइयों से भरी इस दुनिया में बिना डरे चलने का साहस देती हैं।

VERSE 10

सावित्री त्रिपदा शुद्धा सद्योराग विवर्धिनी ।
विष्णुरुपा जगन्मोहा ब्रह्मरुपा हरिप्रिया ॥ १० ॥

Sāvitrī Tripadā Śuddhā Sadyorāga Vivardhinī ।
Viṣṇurupā Jaganmohā Brahmarupā Haripriyā ॥ 10 ॥

आप ही सावित्री हैं, त्रिपदा (गायत्री) हैं - जिनके तीन चरणों में सत्, रज, तम व्याप्त है, आप परम पवित्र हैं, आप सद्यों में ही रोगों को नष्ट करने वाली हैं और विवर्धन के साधने की देवी हैं।। आप ही विष्णु का रूप हैं जो जगत को मोह लेता हैं, आप ही ब्रह्म रूप हैं, हरि (सृष्टि के पालनकर्ता और जीवन के संरक्षक) को प्रिया हैं।

You are Savitri, Tripada (Gayatri) - in whose three feet Sat, Raja, Tama are prevalent, you are the most pure, you are the one who destroys diseases in the Sadya itself and is the goddess of development. You are the form of Vishnu who fascinates the world, you are the form of Brahma, dear to Hàri (the sustainer of creation and preserver of life)..

चेतना का उदय: सावित्री

कल्पना कीजिए उस पवित्र पल की, जब भोर (सुबह) होने वाली होती है। जैसे ही सूरज की पहली किरणें धरती को सुनहरे रंग में नहलाती हैं, हम 'सावित्री' से मिलते हैं। माँ बगलामुखी इसी सूर्य-ऊर्जा का रूप हैं—जीवन की असली स्रोत। जैसे सूरज रात के अंधेरे को मिटाकर हर छोटे पौधे को पोषण देता है, वैसे ही सावित्री के रूप में माँ हमारे मन का उलझन भरा अंधेरा दूर करती हैं। वे वह "जीवन-शक्ति" हैं जो हमारी सोई हुई आत्मा को जगाती हैं। जब हम उन्हें पुकारते हैं, तो हम प्रार्थना करते हैं कि हमारे हृदय में भी वह सुबह का सूरज उगे, जो हमें आध्यात्मिक विकास के नए दिन का सामना करने के लिए स्पष्टता, गर्मी और शक्ति दे।

अस्तित्व की पवित्र लय: त्रिपदा

वह 'त्रिपदा' हैं, एक ऐसा नाम जो पवित्र गायत्री मंत्र की शक्ति से जुड़ा है। उनके तीन "चरण" तीनों लोकों—धरती, अंतरिक्ष और स्वर्ग—पर उनकी सत्ता को दिखाते हैं। और गहराई से देखें तो, वह प्रकृति के तीन गुणों—सत्व (पवित्रता), रजस (जोश), और तमस (आलस)—की मालकिन हैं। जैसे मंत्र के जाप से हमारी सांसें ब्रह्मांड के साथ तालमेल में आ जाती हैं, ठीक वैसे ही माँ, 'त्रिपदा' (तीन चरणों वाली) के रूप में हमारे भीतर इन ऊर्जाओं का संतुलन बनाती हैं। वे यह सुनिश्चित करती हैं कि हमारा उत्साह पवित्रता से भरा रहे और हमारा विश्राम कभी आलस्य न बन जाए। वे ब्रह्मांड की गणितीय पूर्णता हैं, जो यह पक्का करती हैं कि हमारे भौतिक शरीर से लेकर दिव्य लोकों तक—चेतना की तीनों अवस्थाओं को समाहित करते हुए—सब कुछ पूर्ण सामंजस्य में विद्यमान रहे।

शुद्ध जल की धारा: शुद्धा और सद्योराग विवर्धिनी

कल्पना कीजिए एक साफ़-सुथरी पहाड़ी नदी की, जिसका पानी इतना पारदर्शी है कि लगता है जैसे वह रोशनी की धारा हो। माँ बगलामुखी 'शुद्धा' हैं, जो परम पवित्र हैं। उनके पास कोई दाग या गलत इरादा नहीं है। उनकी ऊर्जा एकदम निर्मल है, और उस नदी की तरह, उनकी उपस्थिति भक्त के दिल को धोकर पुरानी कड़वाहट और जहरीले विचारों को मिटा देती है। वह 'सद्योराग विवर्धिनी' भी हैं, जिनके पास "तुरंत" ठीक कर

देने की शक्ति है। कल्पना करें कि एक ऐसा स्पर्श जो पल भर में दुख को मिटा दे। वे वह शक्ति हैं जो विकास को तेज करती हैं। जब हम दुख या ठहराव के चक्र में फंस जाते हैं, तो वह हमें धक्का देकर आगे बढ़ाती हैं, ताकि हमारा विकास न केवल सही, बल्कि तेज भी हो।

दिव्य रचयिता और पालनहार: विष्णुरूपा, जगनमोहा और ब्रह्मरूपा

अपनी विशाल प्रकृति के एक अद्भुत प्रदर्शन में, माँ खुद को 'विष्णुरूपा' (पालक), 'जगनमोहा' (मोहक), और 'ब्रह्मरूपा' (सृष्टि की रचयिता) के रूप में प्रकट करती हैं। वह भगवान विष्णु और भगवान ब्रह्मा दोनों का रूप धारण करती हैं। इसका मतलब है कि दुश्मन को "स्तंभित" (रोकने) की शक्ति ही असल में ब्रह्मांड को "बनाए रखने" वाली शक्ति है। 'जगनमोहा' के रूप में, उनके पास विष्णु का वह आकर्षण है जो पूरी दुनिया को भाता है। यह वह सुंदरता है जो आत्मा को सत्य की ओर खींचती है। 'ब्रह्मरूपा' के रूप में, उनके पास सृष्टि का नक्शा है। यह भक्त को बताता है कि माँ की कृपा से हम अपनी हकीकत को खुद बदलने की शक्ति पा सकते हैं। वह ब्रह्मांडीय वास्तुकार हैं, जो हमें एक अर्थपूर्ण जीवन बनाने में मदद करती हैं।

अनंत की प्रियतमा: हरिपिया

अंत में, वह 'हरिपिया' हैं, यानी जिन्हें भगवान विष्णु (हरि) सबसे ज्यादा प्रेम करते हैं। यह नाम उनकी "स्तंभन" शक्ति और ईश्वर के प्रेम के बीच के अटूट रिश्ते को दिखाता है। उनका मिलन यह पक्का करता है कि उनकी उग्र शक्ति कभी विनाश के लिए नहीं, बल्कि हमेशा जीवन की रक्षा और सबकी भलाई के लिए ही इस्तेमाल हो। वह 'प्रियतमा' इसलिए हैं क्योंकि वह ईश्वर की दया का सक्रिय और शक्तिशाली रूप हैं। जब हम उन्हें पुकारते हैं, तो हम असल में 'पालनहार' के ही हृदय को पुकार रहे होते हैं।

जीवन और प्रकाश का मेल

इसलिए, माँ बगलामुखी सावित्री का उदय होता सूरज हैं, त्रिपादा की ब्रह्मांडीय लय हैं, और शुद्धा की पवित्रता हैं। वह हमारी जीवन की रचयिता, हमें ठीक करने वाली और हमें राह दिखाने वाली देवी हैं।

वह पूरे ब्रह्मांड की मूल ऊर्जाओं का संगम हैं। वह हमें एक ऐसा रास्ता देती हैं जो सूरज की रोशनी से चमकता है, नदी के पानी से शुद्ध है, और बड़े देवताओं की सुरक्षा में है। उनकी कृपा से, हम केवल अपने दुश्मनों से ही नहीं बचते; हम जीवन और सृष्टि के उस महान नृत्य में शामिल हो जाते हैं, जहाँ हमारा पोषण और उपचार होता है और हम अपने अंतिम आध्यात्मिक उत्कर्ष की ओर अग्रसर होते हैं।

VERSE 11

रुद्ररुपा रुद्रशक्तिश्चिन्मयी भक्तवत्सला ।
लोकमाता शिवा सन्ध्या शिवपूजनतत्परा ॥ ११ ॥

Rudrarupā Rudraśaktiścinmayī Bhaktavatsalā ।
Lokamātā Śivā Sandhyā Śivapūjanatatparā ॥ 11 ॥

आप रुद्र का रूप हैं, आप ही रुद्र की चेतना और ज्ञान की शक्ति हैं, भक्तों को वात्सल्य देती हैं, समस्त लोक की माता हैं, संध्या काल की देवी हैं, जो भगवान शिव की पूजा के लिए सदैव तत्पर रहती हैं।

You are the form of Rudra, you are the power of Rudra's consciousness and knowledge, you give affection to the devotees, you are the mother of the entire world, you are the goddess of morning and evening, who is always ready to worship Lord Shiva..

नवीनीकरण की शक्ति: रुद्ररूपा और रुद्रशक्ति

कल्पना कीजिए एक शक्तिशाली तूफान की, जो सूखी और थमी हुई ज़मीन को नई ऊर्जा से भर देता है। यह विनाश का तूफान नहीं, बल्कि परिवर्तन की एक आवश्यक शक्ति है। माँ बगलामुखी 'रुद्ररूपा' हैं, जो भगवान रुद्र का स्वरूप धारण करती हैं—जो शिव का उग्र और जंगली, लेकिन अंततः कल्याणकारी पक्ष है।

वे वह ऊर्जा हैं जो हमारी सीमाओं को मिटा देती हैं और हमारे जीवन के जड़ पैटर्न को तोड़ देती हैं। जब हम ऐसी आदतों में फंस जाते हैं जो अब हमें आगे नहीं बढ़ातीं, या ऐसी बाधाओं के सामने रुक जाते हैं जो हिलती नहीं दिखतीं, तब माँ 'रुद्र-शक्ति' के रूप में प्रकट होती हैं। वह एक दिव्य ऊर्जा का घेरा हैं, जो हर नकारात्मकता को दूर करती हैं। वह पूरे संकल्प के साथ कार्य करती हैं, यह सुनिश्चित करते हुए कि धर्म की जीत हो।

शुद्ध मन की चमक: चिन्मयी

एक ऐसी रोशनी की कल्पना कीजिए जो इतनी शुद्ध और तेज है कि वह केवल चीजों को नहीं, बल्कि समझ को भी प्रकाशित कर देती है। माँ बगलामुखी 'चिन्मयी' हैं—जो पूरी तरह से शुद्ध चेतना और दिव्य ज्ञान से बनी हैं। वह केवल "ज्ञानी" नहीं हैं; वह 'ज्ञान' का स्वयं स्वरूप हैं।

इस रूप में, वह अज्ञानता के उस भारी और घने अंधेरे को दूर करती हैं जो हमें छोटा बनाए रखता है। एक ऐसे गुरु के बारे में सोचिए जिनकी आंखों में पूरा ब्रह्मांड बसा हो, जो दिल की भाषा में ऐसे रहस्य बताते हों जिन्हें केवल प्रेम से सुना जा सकता है—यही माँ का 'चिन्मयी' रूप है। वह अपने भक्तों को ज्ञान के प्रकाश की ओर ले जाती हैं और उनकी दृष्टि को इतना साफ कर देती हैं कि उन्हें दुनिया एक खेल की तरह दिखाई देती है।

कोमल आलिंगन: भक्तवत्सला और लोकमाता शिवा

इतनी शक्तिशाली और दुनिया को हिला देने वाली शक्ति होने के बावजूद, उनका हृदय माँ के प्रेम का एक विशाल सागर है। वह 'भक्तवत्सला' हैं, वह प्यारी माँ जो अपने भक्तों

को असीम प्रेम करती हैं। यह "वात्सल्य" रस है—एक गाय का अपने बछड़े के प्रति जो स्वाभाविक और निस्वार्थ प्रेम होता है।

उस पल को याद कीजिए जब आपने सबसे अधिक असहाय महसूस किया हो और किसी ने आपको सुरक्षित गोद में ले लिया हो; माँ अपने भक्तों को इसी तरह संभालती हैं। 'लोकमाता शिवा' के रूप में, वह पूरी दुनिया की माँ हैं। उनकी करुणा सबके लिए है। वे वह ब्रह्मांडीय अभिभावक हैं जो अपनी सुनहरी गोद में हर जीवित प्राणी का पोषण और रक्षा करती हैं, ताकि उनका कोई भी बच्चा उनकी कृपा से दूर न रहे।

परिवर्तन की देवी: संध्या

माँ बगलामुखी का गहरा संबंध बदलाव के पवित्र समय से है। वह 'संध्या' हैं—सुबह, दोपहर और रात के मिलन की देवी। दिन के ये प्रमुख पड़ाव—भोर, दोपहर और शाम—आध्यात्मिक साधना के लिए अत्यंत शक्तिशाली होते हैं, क्योंकि उस समय दुनिया और दिव्यता के बीच का पर्दा सबसे सूक्ष्म हो जाता है।

'संध्या' के रूप में, माँ हमारे आंतरिक रूपांतरण में हमारी सहायक हैं। वह हमारे जीवन के "संध्याकाल"—बदलाव और अनिश्चितता के उन दौरों—में हमारे साथ खड़ी होती हैं, और हमें एक अवस्था से दूसरी अवस्था तक सुरक्षित ले जाती हैं। वह हमें सिखाती हैं कि सुंदरता और शक्ति तब अपने चरम पर होती है, जब हम कुछ नया बनने की प्रक्रिया से गुजर रहे होते हैं।

शाश्वत भक्त: शिवपूजनतत्परा

अंत में, वह 'शिवपूजनतत्परा' के रूप में प्रकट होती हैं, जो हमेशा भगवान शिव की पूजा में लीन और समर्पित रहती हैं। यह एक गहरा रहस्य है: ब्रह्मांड की सर्वोच्च शक्ति स्वयं निरंतर भक्ति की स्थिति में है।

यह शक्ति और शिव के बीच के अटूट बंधन को दर्शाता है। यह उनकी उस समर्पित दिव्य भूमिका को उजागर करता है, जिसमें वे पुरुष के मौन चैतन्य से अपनी शक्ति प्राप्त करती हैं, और साथ ही उन्हें कार्य करने की सामर्थ्य प्रदान करती हैं। उनकी भक्ति ही

इस शाश्वत ब्रह्मांडीय नृत्य का स्पंदन है। वह हमें दिखाती हैं कि सर्वोच्च शक्ति भी पवित्र सेवा और ईश्वर के प्रति प्रेम में ही निहित है।

शक्ति और भक्ति का संगम

इसलिए, माँ बगलामुखी 'रुद्ररूपा' का परिवर्तनकारी तूफान हैं, 'रुद्रशक्ति' की निर्णायक ढाल हैं, और 'चिन्मयी' की ज्ञानमयी चमक हैं। वह 'भक्तवत्सला' और 'लोकमाता शिवा' जैसी कोमल माँ हैं, 'संध्या' जैसी परिवर्तन की रक्षक हैं, और 'शिवपूजनतत्परा' जैसी आदर्श भक्त हैं।

वह उग्र सत्ता और पिघला देने वाली कोमलता का सही संतुलन हैं। वह एक ज्ञानी के विवेक और एक माँ के स्नेह के साथ हमें बदलाव की आग से होकर ले जाती हैं। उनकी कृपा से, हम पुराने को छोड़ने का साहस और नए को अपनाने का ज्ञान पाते हैं, और इस विश्वास के साथ सुरक्षित महसूस करते हैं कि हम इस दुनिया की माँ की गोद में हैं।

VERSE 12

धनाध्यक्षा धनेशी च धर्मदा धनदा धना।
चण्डदर्पहरी देवी शुम्भासुरनिबर्हिणी ॥ १२ ॥

Dhanādhyakṣā Dhaneśī Ca Dharmadā Dhanadā Dhanā ।
Caṇḍadarpaharī Devī Śumbhāsuranibarhiṇī ॥ 12 ॥

आप धन की अध्यक्षा देवी हैं, धन की देवी लक्ष्मी हैं, धर्म और धन की दाता हैं, धन स्वयं आपका ही रूप है, आप ही चण्ड दर्प (घमंड) को हरने वाली देवी हैं, शुम्भासुर राक्षस का विनाश करने वाली देवी हैं।

You are the presiding deity of wealth, Lakshmi, the goddess of wealth, the giver of religion and wealth, wealth itself is your form, you are the goddess who defeats pride, you are the goddess who destroys the demon Shumbhasura..

ब्रह्मांडीय समृद्धि की रक्षक: धनाध्यक्षा और धनेशी

कल्पना कीजिए एक ऐसे खजाने की, जहाँ लोहे के भारी ताले नहीं हैं, न ही कोई गुस्सा करने वाला बैंक मैनेजर! यह एक ऐसा खजाना है जहाँ समृद्धि हवा की तरह चारों तरफ बहती है। माँ बगलामुखी इस खजाने की मालकिन हैं, जिन्हें 'धनाध्यक्षा' कहा जाता है। वह ब्रह्मांड की वह दिव्य खजांची हैं जो जानती हैं कि उनके किस बच्चे को कब और क्या चाहिए।

वह 'धनेशी' भी हैं, जो देवी लक्ष्मी की चमक का साक्षात रूप हैं। सोचिए, माँ के हृदय से सोने की एक नदी हमेशा बह रही है। इस नदी में केवल पैसा ही नहीं है, बल्कि इसमें उत्तम स्वास्थ्य, गहरी खुशी और मन की अटूट शांति के अनमोल रत्न भी हैं। इस रूप में, वह केवल 'धन नहीं देतीं', बल्कि वह समृद्धि का मूल स्रोत हैं। वह हमें याद दिलाती हैं कि असली अमीरी वह है जहाँ हमारी भौतिक जरूरतें और हमारी आत्मा का सुकून, दोनों एक-दूसरे के साथ पूरी तरह से तालमेल में हों।

धर्मयुक्त सफलता की रचयिता: धर्मदा, धनदा और धना

एक ऐसी रोशनी की कल्पना करें जो न केवल आपको यह दिखाती है कि खजाना कहाँ गड़ा है, बल्कि यह भी सिखाती है कि वहाँ तक ईमानदारी के रास्ते से कैसे पहुँचना है। माँ बगलामुखी 'धर्मदा' हैं—जो धर्म (सही जीवन जीने के सिद्धांत) का दान देती हैं। और वह 'धनदा' भी हैं—जो भौतिक साधन प्रदान करती हैं।

यह एक बहुत बड़ा आध्यात्मिक सबक है: धर्म के बिना धन एक बोझ है, और साधनों के बिना धर्म का पालन करना संघर्ष भरा हो सकता है। जैसे एक समझदार माँ अपनी बेटी को दुनिया के लिए तैयार करती है, वैसे ही माँ बगलामुखी हमें जीने का सही तरीका और संसाधन, दोनों देती हैं। सच तो यह है कि उन्हें 'धना' (स्वयं धन) कहा जाता है, जिसका अर्थ है कि दुनिया की हर चीज—चाहे वह पहाड़ों का सोना हो या किताबों का ज्ञान—उनकी दिव्य कृपा का ही एक छोटा सा हिस्सा है। जब हम उनके ज्ञान के साथ अपना जीवन जोड़ लेते हैं, तो हम बस किस्मत के पीछे नहीं भागते, बल्कि हम सफलता के चुंबक बन जाते हैं। फिर हमारा काम मेहनत नहीं, बल्कि माँ की रोशनी का एक स्वाभाविक हिस्सा बन जाता है।

अहंकार का नाश करने वाली: चंडदर्पहारी देवी

हालाँकि, उनकी दयालुता को आप कमजोरी समझने की गलती कभी मत कीजिएगा! वह 'चंडदर्पहारी देवी' हैं, जो विशेष रूप से दुष्टों के 'दर्प'—यानी उनके फूले हुए अहंकार और अंधेपन को कुचलने के लिए जानी जाती हैं। यह नाम उस कहानी से जुड़ा है जिसमें उन्होंने 'चंड' नाम के राक्षस का नाश किया था।

सोचिए एक ऐसी शक्ति जो इतनी महान है कि वह बिना किसी बड़े शोर-शराबे के, घमंडी लोगों के अहंकार की हवा एक पल में निकाल देती है! वह निर्दोषों की रक्षा केवल दुश्मनों को पकड़कर नहीं करतीं, बल्कि उनकी बुराई की जड़ पर वार करती हैं: उनका अहंकार। वह हमें याद दिलाती हैं कि आत्मा का सबसे बड़ा दुश्मन यह सोचना है कि हम 'ईश्वर के कानून' से ऊपर हैं।

ब्रह्मांडीय व्यवस्था की रक्षक: शुम्भासुरनिबर्हिणी

अंत में, वह 'शुम्भासुरनिबर्हिणी' हैं, यानी शुम्भासुर जैसे राक्षस का नाश करने वाली। शुम्भ केवल कोई मामूली दुश्मन नहीं था; वह ब्रह्मांडीय संतुलन के लिए एक बड़ा खतरा था, एक ऐसा अंधेरा जो यह सोचने लगा था कि वह माँ की गद्दी छीन सकता है।

उस पर माँ की जीत उनकी अटूट शक्ति का सबूत है। जब दुनिया की नकारात्मक शक्तियाँ इतनी बढ़ जाती हैं कि वे अस्तित्व के संतुलन को बिगाड़ने लगती हैं, तो माँ बगलामुखी एक ऐसे फैसले के साथ उठ खड़ी होती हैं जिसे कोई चुनौती नहीं दे सकता। वे वह अंतिम ढाल हैं जो यह पक्का करती है कि अंधेरा चाहे कितनी भी जोर से चिल्ला ले, जीत हमेशा 'रोशनी' की ही होती है, और वह भी एक ऐसी शांति के साथ जो शब्दों से परे है।

कृपा और न्याय का अद्भुत संगम

अतः, हम देखते हैं कि माँ बगलामुखी हमारी खुशहाली की सर्वोच्च रक्षक हैं, समृद्धि की रानी हैं, और वह गुरु हैं जो हमें सही सफलता का रास्ता दिखाती हैं। वह समृद्धि का सार हैं, लेकिन वह वही उग्र योद्धा भी हैं जो अहंकार को चकनाचूर करती हैं और हमारी शांति को नुकसान पहुँचाने वाली हर शक्ति का सफाया कर देती हैं।

उनमें हमें वह रक्षक मिलता है जो सही संतुलन जानता है: वह हमारे जीवन को बढ़ने के लिए जरूरी संसाधनों से भर देती हैं, लेकिन साथ ही उन ताकतों के खिलाफ अडिग खड़ी रहती हैं जो हमें नीचा दिखाने की कोशिश करती हैं। वह वह माँ हैं जो यह सुनिश्चित करती हैं कि उनके बच्चे अमीर भी हों और विनम्र भी। उनके बच्चे यह जानकर सुरक्षित महसूस करते हैं कि उनकी दौलत माँ की 'गदा' से सुरक्षित है और उनके दिल उनकी 'रोशनी' से निर्देशित हैं।

VERSE 13

राजराजेश्वरी देवी महिषासुरमर्दिनी ।
मधूकैटभहन्त्री च रक्तबीजविनाशिनी ॥ १३ ॥

Rājarājeśvarī Devī Mahiṣāsuramardinī ।
Madhūkaiṭabhahantrī Ca Raktabījavināśinī ॥ 13 ॥

आप राजराजेश्वरी हैं, आपने ही महिषासुर का संहार किया है, आपने मधु और कैटभ राक्षसों का संहार किया है। आपने ही रक्तबीज राक्षस का विनाश किया है।

You are Rajarajeshwari, you have killed Mahishasura, you have killed the demons Madhu and Kaitabh. It is you who has destroyed the demon Raktabeej..

साम्राज्ञियों की भी साम्राज्ञी: राजराजेश्वरी देवी

कल्पना कीजिए एक ऐसी भव्य, दिव्य सभा की, जिसे कोई भी इंसान अपने दिमाग में पूरी तरह नहीं सोच सकता। वहाँ राजा, सम्राट, और यहाँ तक कि बड़े-बड़े देवता भी चुपचाप और झुककर खड़े हैं। किसके सामने? माँ बगलामुखी के सामने, जो 'राजराजेश्वरी' हैं—साम्राज्ञियों की भी साम्राज्ञी। उनकी ताकत सिर्फ राजनीति या बाहुबल वाली नहीं है; उनका एक आदेश पूरे ब्रह्मांड के कण-कण को हिला देता है।

जैसे एक ऐसी महारानी, जिनकी बुद्धि उनकी ताकत से भी गहरी है, वह पूरे ब्रह्मांड के अनुशासन को कृपा और सख्ती के एक बेहतरीन मेल के साथ चलाती हैं। उन्हें 'राजराजेश्वरी' के रूप में पूजने का मतलब है यह स्वीकार करना कि दुनिया चाहे कितनी भी उथल-पुथल वाली क्यों न दिखे, सिंहासन पर एक ऐसी सर्वोच्च और दयालु बुद्धि बैठी है, जो यह पक्का करती है कि अंत में 'धर्म' की ही जीत होगी।

अराजकता का अंत करने वाली: महिषासुरमर्दिनी

कल्पना कीजिए एक ऐसे भीषण युद्ध के मैदान की, जहाँ अंधेरे की ताकतें इतनी फूल गई हैं, इतनी अहंकारी हो गई हैं कि उन्हें लगता है वे कभी नहीं मरेंगी। माँ बगलामुखी 'महिषासुरमर्दिनी' के रूप में प्रकट होती हैं—उस भैंसासुर राक्षस का अंत करने वाली। यह राक्षस हठ, अहंकार और ताकत का पुतला था; एक ऐसी अराजक शक्ति जिसने पूरी दुनिया को अंधेरे में डुबोने की कसम खा ली थी।

एक निडर योद्धा की तरह, जो खतरे को देखकर पलक भी नहीं झपकाता, माँ ने इस खूंखार दुश्मन का सामना किया। उन्होंने केवल एक लड़ाई नहीं जीती; उन्होंने ब्रह्मांड को अत्याचार से आजादी दिलाई। वह हमें याद दिलाती हैं कि हमारी समस्याएं (जिन्हें हम उस भैंसे के अहंकार की तरह भारी मान लेते हैं) कितनी भी बड़ी या 'मोटी' क्यों न लगें, माँ का सुनहरा भाला उन्हें एक पल में आर-पार कर सकता है। यह जीत केवल इतिहास की कोई कहानी नहीं है, बल्कि हमारे अंदर की आजादी का एक फार्मूला है। जब हम अपनी जिद और दिमाग की बेतुकी अकड़ को माँ के सुनहरे प्रकाश के सामने सरेंडर कर देते हैं, तो हम देखते हैं कि जो बाधाएं हमें 'पहाड़' जैसी लग रही थीं, वे असल में केवल परछाइयाँ हैं जो माँ की मौजूदगी में गायब होने का इंतजार कर रही हैं।

सृष्टि की शुरुआत की रक्षक: मधुकैटभहन्त्री

कल्पना कीजिए समय की शुरुआत के उस पल की, जब ब्रह्मांड अभी छोटा सा बच्चा ही था। सो रहे भगवान विष्णु के कान से दो खूंखार राक्षस निकले—मधु और कैटभ। ये अजीब लोग थे; इन्हें बस रचयिता ब्रह्मा को परेशान करना था। ये राक्षस असल में हमारी उस आलस और उन उलझे हुए विचारों का प्रतीक हैं, जो किसी भी काम को शुरू होने से पहले ही मार देना चाहते हैं।

माँ बगलामुखी ने 'मधुकैटभहन्त्री' के रूप में दखल दिया। उन्होंने समझा कि अगर शुरुआत में ही व्यवस्था नहीं होगी, तो अंत में शांति कैसे होगी? अपनी दिव्य शक्ति से उन्होंने इन आदिम खतरों को मिटा दिया और सृष्टि की परम संरक्षिका की भूमिका निभाई। उन्होंने सुनिश्चित किया कि ब्रह्मांड की पहली सांस लेने से पहले से ही वह हमारी रक्षक हैं।

रणनीति की मास्टर: रक्तबीजविनाशिनी

राक्षस रक्तबीज की चुनौती के बारे में सोचिए, जो बहुत ही डरावनी थी। उसके पास एक अजीब जादुई शक्ति थी: उसके खून की एक भी बूंद अगर ज़मीन पर गिरती, तो उससे बिल्कुल उसके जैसे कई और राक्षस पैदा हो जाते थे। इस तरह वह अकेले ही एक कभी न खत्म होने वाली सेना बन गया था। आम हथियारों का उस पर कोई असर नहीं होता था।

माँ बगलामुखी, जो अपनी उग्र लेकिन शानदार दयालुता के लिए जानी जाती हैं, उन्होंने 'रक्तबीजविनाशिनी' के रूप में एक मास्टर-प्लान बनाया। उन्होंने दूसरी दिव्य माताओं (मातृकाओं) को शक्ति दी कि वे उसके खून की हर बूंद को जमीन पर गिरने से पहले ही 'खा' जाएं। यह उनका आध्यात्मिक 'स्तंभन' था—दुश्मन की ताकत को वहीं रोक देना। माँ ने साबित किया कि वह केवल 'पॉवर' नहीं, बल्कि 'सुप्रीम इंटेलिजेंस' की भी देवी हैं। यह हमें सिखाता है कि हम भी अपनी समस्याओं (जो बार-बार कॉपी होकर आती हैं, जैसे नकारात्मक विचार या पुरानी आदतें) को तभी रोक सकते हैं जब हम उन्हें जड़ से, यानी जमीन पर गिरने से पहले ही पकड़ लें।

प्रकाश की अंतिम विजय

इसलिए, माँ बगलामुखी हमारी सर्वोच्च राजराजेश्वरी हैं, वीर महिषासुरमर्दिनी हैं, शुरुआत की रक्षक मधुकैटभहन्त्री हैं, और बुद्धिमान रणनीतिकार रक्तबीजविनाशिनी हैं।

वह योद्धाओं वाली रूह का पूरा पैकेज हैं। वह महारानी हैं जो आदेश देती हैं, वह हीरो हैं जो लड़ती हैं, वह रक्षक हैं जो शुरुआत को बचाती हैं, और वह स्ट्रैटेजिस्ट हैं जो नामुमकिन को भी मुमकिन बना देती हैं। उनकी कृपा से, हमारे जीवन के 'राक्षस'—चाहे वे पुरानी आदतें हों, जिद हो या बार-बार बढ़ने वाली चिंताएँ—एक ऐसी शक्ति के सामने टिक नहीं पाते, जिसका ज्ञान कभी फेल नहीं होता। वह वह माँ हैं जो उन जंगों को भी जीत लेती हैं, जिन्हें हम खुद नहीं जीत सकते थे।

VERSE 14

धूम्राक्षदैत्यहन्त्री च भण्डासुर विनाशिनी ।
रेणुपुत्री महामाया भ्रामरी भ्रमराम्बिका ॥ १४ ॥

Dhūmrākṣadaityahantrī Ca Bhaṇḍāsura Vināśinī ।
Reṇuputrī Mahāmāyā Bhrāmarī Bhramarāmbikā ॥ 14 ॥

आपने ही धूम्राक्ष नामक दैत्य का अंत किया है, और भण्डासुर का विनाश किया है। आप रेणु की पुत्री हैं, महामाया हैं। अपने ही भ्रामरी, भ्रमरांबिका का रूप लिया हैं (जिससे आपने अरुणासुर का नाश किया था।)

You are the one who has destroyed the demon named Dhumraksh and destroyed Bhandasura. You are the daughter of Renu, Mahamaya. You have taken the form of your own Bhramari, Bhramarambika (with which you destroyed Arunasura)..

सत्य की भेदक रोशनी: धूम्राक्षदैत्यहन्त्री

कल्पना कीजिए एक ऐसे युद्ध की जहाँ लोहे की तलवारें नहीं हैं, बल्कि चारों ओर इतना घना धुआँ भरा है कि आप अपना दोस्त भी नहीं पहचान सकते। यह धूम्राक्ष (धुएँ जैसी आंखों वाला) राक्षस का इलाका है, जो भ्रम और धुंध फैलाकर धर्म को हराना चाहता है। माँ बगलामुखी यहाँ 'धूम्राक्षदैत्यहन्त्री' के रूप में प्रकट होती हैं—उस धुंध फैलाने वाले राक्षस का नाश करने वाली।

जैसे सुबह की पहली किरण कोहरे को चीरकर आगे बढ़ती है, वैसे ही माँ इस राक्षस के बनाए हुए झूठ के परदों को फाड़ देती हैं। वह हमें याद दिलाती हैं कि सबसे बड़ा खतरा अक्सर हमारे अपने मन के भ्रम में होता है। उनकी कृपा से हमारे संदेह का धुआँ छंट जाता है, और हमें वह 'तेज दृष्टि' मिलती है जिससे हम सत्य को जैसा है, वैसा देख सकें। वह केवल राक्षस को नहीं हरातीं, बल्कि हमारी आत्मा को साफ-सुथरा और स्पष्ट कर देती हैं।

झूठे संसार की नाशक: भांडासुर विनाशिनी

अब उस भ्रम के कारीगर, भांडासुर के बारे में सोचिए। उसने केवल देवताओं से लड़ाई नहीं की, बल्कि अपनी जादुई शक्तियों से एक 'नकली दुनिया' बनाने की कोशिश की। वह आज के ज़माने के उस 'फेक अहंकार' जैसा है, जो हेर-फेर करके अपनी अलग दुनिया बनाना चाहता है। माँ बगलामुखी 'भांडासुर विनाशिनी' बनकर उठती हैं, जो उसकी बनाई इन जादुई दुनिया को परमाणु-दर-परमाणु (एक-एक करके) मिटा देती हैं।

वह साबित करती हैं कि संसार का या अहंकार का जादू कितना भी बड़ा क्यों न हो, माँ की असली शक्ति के आगे वह टिक नहीं सकता। जैसे ताश के पत्तों का घर हवा के एक झोंके से गिर जाता है, वैसे ही माँ हमारे अहंकार के महल को ढहा देती हैं। उसे हराते ही, वह हमारी आत्मा को हमारे ही बुने हुए भ्रमों की कैद से आज़ाद कर देती हैं।

आध्यात्मिक परंपरा और ब्रह्मांडीय खेल: रेणुपुत्री और महामाया

माँ को 'रेणुपुत्री' (रेणुका की पुत्री) के रूप में पूजा जाता है। यह रिश्ता शक्तिशाली और समर्पित महिलाओं की एक लंबी परंपरा को दर्शाता है। यह हमें याद दिलाता है कि माँ

की शक्ति उनकी गहरी भक्ति और पूर्वजों से मिले ज्ञान का भी परिणाम है। इस सांसारिक जुड़ाव के साथ-साथ, वह 'महामाया' भी हैं।

वह ब्रह्मांडीय 'लीला' (खेल) की मुख्य वास्तुकार हैं। यह 'माया' अज्ञानियों को फंसा सकती है, लेकिन भक्त के लिए यह एक सुंदर नृत्य है। महामाया के रूप में, वह दुनिया के बनने और बिगड़ने का खेल खुद चलाती हैं। वह एक ऐसी जादूगर हैं जो जानती हैं कि खेल का राज क्या है, और हमें सिखाती हैं कि अगर हम जादूगर (माँ) से प्रेम करने लगें, तो हमें जादू से डर नहीं लगेगा।

दिव्य गुंजन: भ्रामरी और भ्रामराम्बिका

अंत में, राक्षस अरुणासुर की उस अनोखी चुनौती को याद करें, जिसे यह वरदान मिला था कि न तो वह किसी युद्ध में मरेगा, न ही किसी अस्त्र या शस्त्र से, और न ही किसी पुरुष या स्त्री के हाथों। उसे न तो दो पैर वाले प्राणी मार सकते थे, न ही चार पैर वाले, और न ही कोई ऐसा जीव जो इन दोनों का मेल हो। माँ बगलामुखी ने एक ऐसा रूप लिया जिसने उसकी इन सभी सुरक्षाओं को नाकाम कर दिया: 'भ्रामरी भ्रमराम्बिका'— मधुमक्खियों की देवी।

माँ ने अपनी ऊर्जा को असंख्य सुनहरी मधुमक्खियों के एक विशाल झुंड में बदल दिया। उन मधुमक्खियों ने हर दिशा से एक साथ हमला किया और दुनिया को उसके अत्याचार से मुक्त कर दिया। यह माँ की बुद्धिमानी और किसी भी स्थिति में ढल जाने की शक्ति का अद्भुत नमूना है।

वह हमें सिखाती हैं कि चाहे हमारी समस्याएँ मधुमक्खियों के झुंड की तरह छोटी, बहुत सारी और हर जगह हों, तो वह स्वयं प्रकाश का एक झुंड बनकर उन्हें खत्म कर सकती हैं। वह उस 'छत्ते' का धड़कता हुआ दिल हैं, जो बुराई के दिल पर डंक मारने के लिए एक साथ उठ खड़ा होता है।

स्पष्टता और अनुकूलन की रक्षक

इसलिए, माँ बगलामुखी धुएँ के धोखों को हटाने वाली हैं, अहंकार के जादुई महल को गिराने वाली हैं, माताओं की महान परंपरा को आगे बढ़ाने वाली हैं, और इस ब्रह्मांडीय

खेल की रानी हैं। सबसे सुंदर बात यह है कि वह 'भ्रामराम्बिका' हैं—वह गूंजती हुई रक्षक, जो हमारी सुरक्षा के लिए सबसे अनोखे और रचनात्मक तरीके अपनाती हैं।

उनमें हमें किसी भी धोखे को हराने की शक्ति और जीवन के इस महान 'भ्रम' में सही रास्ता खोजने की बुद्धिमानी मिलती है। वह यह पक्का करती हैं कि चाहे हमारे दुश्मन धुएँ में छिपे हों, झूठ की नींव पर खड़े हों, या चालाकी से मिले वरदानों के पीछे सुरक्षित हों, वे अंत में माँ के सुनहरे, गुंजायमान प्रकाश के सामने गिरेंगे ही। वह ऐसी माँ हैं जो हमारी हर ज़रूरत के हिसाब से अपना रूप बदल लेती हैं, ताकि जीत हमेशा 'धर्म' की ही हो।

VERSE 15

ज्वालामुखी भद्रकाली बगला शत्रुनाशिनी।
इन्द्राणी इन्द्रपूज्या च गुहमाता गुणेश्वरी॥ १५॥

Jvālāmukhī Bhadrakālī Bagalā Śatrunāśinī ।
Indrāṇī Indrapūjyā Ca Guhamātā Guṇeśvarī ॥ 15 ॥

आप ही ज्वालामुखी, भद्रकाली (विनाशकारी शक्तियाँ), और बगला हैं जो शत्रुओं का नाश करती हैं। आप ही इंद्राणी हैं जिनकी पूजा इंद्र करते हैं, आप ही गुहमाता हैं, सर्वोच्च गुणों वाली गुणेश्वरी हैं।

You are the Jwalamukhi, Bhadrakali (destructive powers), and Bagla Devi who destroys the enemies. You are the Indrani whom Indra worships, you are the Guhamata, Guneshwari with the highest qualities..

परिवर्तन की अग्नि: ज्वालामुखी और भद्रकाली

एक विशाल ज्वालामुखी की कल्पना करें, जिसके गहरे केंद्र में पुरानी, कच्ची ऊर्जा धड़क रही है। यह 'ज्वालामुखी' हैं, जो अग्नि के मुख वाली देवी हैं। उनकी शक्ति विनाश करने वाली नहीं, बल्कि पूरी तरह से बदल देने वाली है। इसे एक ऐसी पवित्र आग की तरह समझें जो हमारे जीवन के कूड़े-करकट—पुराने दुख, अटके हुए डर और भारी अशुद्धियों—को जलाकर राख कर देती है, और पीछे छोड़ती है केवल चमकता हुआ असली व्यक्तित्व। वह हमारे 'तप' की वह गर्मी हैं जो अहंकार को जलाकर आत्मा का सोना बाहर निकालती है।

इसी आग में 'भद्रकाली' का वास है। वह न्यायपूर्ण गुस्से का रूप हैं, जो बुराई को एक डरावने और पवित्र संकल्प के साथ खत्म करती हैं। जैसे एक योद्धा अन्याय को देखकर बिना एक पल सोचे उस पर वार करता है, वैसे ही भद्रकाली एक सजग रक्षक हैं। वह यह पक्का करती हैं कि नकारात्मकता केवल हटाई न जाए, बल्कि पूरी तरह मिटा दी जाए। वह अपने भक्तों की रक्षा उन परछाइयों से बनी ढाल से करती हैं जिन्हें उन्होंने खुद जीता है।

चुप्पी का रहस्य: बगला और शत्रुनाशिनी

यहाँ हम उन्हें उनकी सबसे शक्तिशाली शक्ति के रूप में पहचानते हैं: 'बगला', यानी वह जो थाम लेती है और शांत कर देती है। वह 'शत्रुनाशिनी' हैं, दुश्मनों का नाश करने वाली। हमें इसे एक साधक की नजर से देखना चाहिए; हमारे सबसे बड़े दुश्मन अक्सर हमारे अपने 'विकल्प' (संदेह) और 'अहंकार' हैं, जो हमसे झूठ बोलते हैं। एक ऐसी ताकत की कल्पना करें जो सामने वाले की ज़ुबान को प्यार से लेकिन मजबूती से थाम लेती है, और हर गलत इरादे को शक्तिहीन बना देती है। यही उनकी 'स्तंभन' शक्ति का सार है। उन्हें चिल्लाने की जरूरत नहीं है; उनकी चुप्पी इतनी भारी और सुनहरी है कि दुश्मन का वजूद ही मिट जाता है। इस चुप्पी के जरिए हम बाहरी शोर पर प्रतिक्रिया देना बंद करते हैं और अपनी दिव्य शक्ति से जवाब देना शुरू करते हैं। यह वह सबसे बड़ा अहसास है कि जब हम माँ के साथ जुड़ जाते हैं, तो जीत पहले ही मौन में मिल चुकी होती है; तब हमें बहस करने की ज़रूरत नहीं होती, बस सत्य के सीमित और शक्तिशाली शब्द बोलने होते हैं।

इंद्रियों की मालकिन: इंद्रानी और इंद्रपूज्या

देवताओं के उस दिव्य दरबार की कल्पना कीजिए, जहाँ स्वर्ग के राजा इंद्र भी श्रद्धा से नमन करते हैं। माँ बगलामुखी 'इन्द्राणी' और 'इंद्रपूज्या' हैं—अर्थात वह, जिनकी पूजा स्वयं देवताओं के स्वामी करते हैं। लेकिन एक साधक के लिए, इंद्र हमारी 'इंद्रियों' का प्रतीक भी हैं—हमारी वे पाँच इंद्रियाँ, जो अक्सर हमें बेलगाम घोड़ों की तरह भटकाव की ओर खींच ले जाती हैं।

'इंद्रपूज्या' बनकर, वह हमारी आंतरिक दुनिया की इंद्रियों पर अपना राज करती हैं। जब हम इस रूप में उनकी पूजा करते हैं, तो हम प्रार्थना करते हैं कि माँ हमारी आँखों, हमारी वाणी और हमारे सोचने के तरीके को पवित्र कर दें। हम प्रार्थना करते हैं कि हमारी इंद्रियाँ हमें दुनिया की माया में न भटकाएँ, बल्कि भक्ति में झुक जाएँ, और एक भटकने वाले यात्री से बदलकर दिव्य जीत का माध्यम बन जाएँ।

जीत की माँ: गुहमाता

वह 'गुहमाता' हैं, यानी गुह (भगवान कार्तिकेय) की माँ, जो युद्ध के देवता और दिव्य सेना के सेनापति हैं। यह एक सुंदर सच बताता है: माँ की शक्ति ही वह स्रोत है जहाँ से सारी जीत पैदा होती है। गुहमाता के रूप में, वह हमारे अंदर उस 'आंतरिक योद्धा' को जन्म देती हैं, जो हमें किसी भी मुसीबत का सामना करने की हिम्मत और सही फैसला लेने का दिमाग देता है।

सभी गुणों का स्रोत: गुणेश्वरी

अंत में, वह 'गुणेश्वरी' हैं, सभी गुणों की मालकिन। वह बुद्धिमानी, पवित्रता, करुणा और महानता जैसे सबसे ऊँचे दिव्य गुणों का रूप हैं। हमारे मन में आने वाला हर अच्छा विचार उनकी इस अनंत आग से निकली एक चिंगारी है।

वह 'अच्छाई' की परिभाषा हैं। वह केवल हमारी रक्षा नहीं करतीं, बल्कि हमें बेहतर बनाती हैं। वह अपने भक्तों को सबसे अच्छे गुण देती हैं, ताकि हम मुसीबतों से बाहर निकलें तो चमकते हुए हीरे बनकर निकलें। वह आत्मा की माली हैं, जो हमारे विकारों को उखाड़ अच्छाई के बीज बोती हैं।

अग्नि और गुणों का सुनहरा संगम

इसलिए, माँ बगलामुखी 'ज्वालामुखी' की बदलने वाली आग, 'भद्रकाली' की न्याय वाली तलवार, और 'बगला' की शांत करने वाली शक्ति हैं। वह हमारी इंद्रियों की रानी, हमारी आंतरिक जीतों की माँ, और सभी गुणों की साम्राज्ञी हैं।

उनमें शुद्ध करने वाली उग्र आग और माँ की कोमल कृपा का मिलन होता है। वे वह सुनहरी आग हैं जो हमारी बेड़ियों को जलाती है, वह चुप्पी जो दुश्मनों को शांत करती है, और वह गुण हैं जो हमें घर का रास्ता दिखाते हैं। उनकी कृपा से, हम आत्मा के योद्धा बन जाते हैं, उनकी गोद में सुरक्षित और उनके प्रकाश से चमकते हुए।

VERSE 16

वज्रपाशधरा देवी जिह्वामुद्गरधारिणी ।
भक्तानन्दकरी देवी बगला परमेश्वरी ॥ १६ ॥

Vajrapāśadharā Devī Jhvāmudgaradhāriṇī ।
Bhaktānandakarī Devī Bagalā Parameśvarī ॥ 16 ॥

आपने वज्र और पाश (फंदा) धारण कर रखा है, जिह्वा से मुद्गर (हथौड़ा) धारण करने वाली है। आप भक्तों को आनंद प्रदान करती हैं, आप बगला माता हैं, परमेश्वरी देवी हैं।

You are holding Vajra and Pash (noose), you hold hold Mudgar (hammer) and pulling the tongue of the demon. You provide happiness to the devotees, you are Bagla Mata, the Supreme Goddess..

वज्र और दिव्य संयम: वज्रपाशधरा

कल्पना करें एक ऐसी देवी की, जो ब्रह्मांड के युद्धक्षेत्र में बादलों के बीच खड़ी हैं और स्वर्ग की शक्ति को अपने हाथ में लिए हुए हैं। माँ बगलामुखी 'वज्रपाशधरा' हैं—वह जो वज्र और पाश दोनों धारण करती हैं। वज्र देवताओं का वह हथियार है जिसे कोई तोड़ नहीं सकता; यह उनकी शक्ति का प्रतीक है कि वह हमारी सबसे कठिन समस्याओं—हमारे गहरे कर्मों और जिद्दी बाधाओं—को बिजली की तरह तोड़ सकती हैं। इसके साथ ही, उनके पास 'पाश' (फंदा) है। यह उनकी अनोखी कृपा है: वह हमेशा विनाश नहीं करतीं; वह हमारे भटकते हुए मन को 'पकड़' लेती हैं और हमारे दुश्मनों की हानिकारक ऊर्जा को बांध देती हैं, जिससे वे नुकसान पहुँचाने लायक नहीं बचते। वह ऐसी दिव्य योद्धा हैं जो जानती हैं कि कब प्रहार करना है और कब दुनिया को अपनी शांति में बांध कर रखना है।

हथौड़ा और जीभ: जिह्वामुद्गरधारिणी

यह उनकी शक्ति का सबसे अनोखा और प्रभावशाली रूप है। माँ बगलामुखी 'जिह्वामुद्गरधारिणी' हैं, जो राक्षस की जीभ पकड़कर उस पर 'मुद्गर' (हथौड़ा) चलाती हैं। आध्यात्मिक यात्रा में, हमारी 'जीभ' ही सारे झगड़ों की जड़ है—झूठ, चुगली और अहंकार की बकबक। यह बिना सोचे-समझे बोलने की वह आदत है, जिसके कारण हम जीवन भर पछताते हैं। जीभ को पकड़कर हथौड़ा उठाना, झूठ को पूरी तरह 'स्तंभित' करने का प्रतीक है। वह नकारात्मकता की आवाज को प्रकट होने से पहले ही कुचल देती हैं। यह हमें सिखाता है कि माँ ही ब्रह्मांड के स्पंदन को नियंत्रित करती हैं। वह संसार का शोर शांत कर देती हैं ताकि आत्मा की 'अनहद' आवाज सुनाई दे सके। वह सत्य की रक्षक हैं, जो यह सुनिश्चित करती हैं कि केवल दिव्य शब्द ही भक्त के हृदय में गूंजें। यह असली जादू है: शोर को मिटाकर शांति में सत्य को पाना।

भक्तों को आनंद देने वाली: भक्तानंदकरी

इतने शक्तिशाली हथियारों और उग्र रूप के बावजूद, उनका मन बहुत कोमल है। वह 'भक्तानंदकरी' हैं, जो अपने भक्तों के जीवन में खुशियों की बहार लाती हैं। सोचिए एक छोटा बच्चा जो भीड़ में खो गया हो और जिसे अचानक माँ की गोद मिल जाए; वह

जो सुकून और खुशी है, वही 'भक्तानंद' का सार है। उनकी कृपा घावों पर मरहम की तरह है। माँ का असली मकसद दुश्मन को हराना नहीं, बल्कि अपने बच्चे को खुश देखना है। वह हमारे रास्तों के कांटे हटाकर हमें अपनी शांति के प्रकाश में रखती हैं, ताकि हमारा जीवन संघर्षों की परछाई में नहीं, बल्कि उनकी शांति की रोशनी में बीते।

सर्वोच्च वास्तविकता: बगला परमेश्वरी

अंत में, हम उन्हें 'बगला परमेश्वरी' के रूप में जानते हैं। वह सर्वोच्च देवी हैं, जो नाम और रूप से परे हैं। भले ही हम उन्हें सुनहरी माँ के रूप में देखते हैं, सच तो यह है कि वह 'परा-शक्ति' हैं—वही आदि ऊर्जा जो सूर्य, चंद्रमा और सितारों को जीवन देती है। उन्हें 'परमेश्वरी' कहना उनकी सर्वोच्च सत्ता को स्वीकार करना है। वह सारी शक्ति का स्रोत हैं, सारी शांति की रचयिता हैं, और आत्माओं की अंतिम रक्षक हैं। सोचिए, पूरे ब्रह्मांड का सार एक सुंदर सुनहरी देवी के रूप में हमारे सामने है, जिनकी शक्ति अटूट है और कृपा अनंत है। वह हमारी खोज की शुरुआत भी हैं और अंत भी।

अंतिम स्वर्णिम मुहर

इसलिए, माँ बगलामुखी वज्र और पाश को धारण करने वाली हैं, अहंकार के झूठ को हथौड़े से तोड़ने वाली योद्धा हैं, और भक्त को आनंद के रस से भरने वाली माँ हैं। वह 'परमेश्वरी' हैं, जो शांति के सिंहासन पर विराजमान हैं।

उनके इन गुणों में शक्ति और प्रेम का सही मेल है। वह हमें ऐसी ढाल देती हैं जो टूट नहीं सकती, ऐसी शांति देती हैं जो भंग नहीं हो सकती, और ऐसा आनंद देती हैं जो कभी कम नहीं हो सकता। उनकी कृपा से, हम दुनिया के शोर से निकलकर उनके हृदय की सुनहरी शरण में पहुँच जाते हैं, जहाँ हर दुश्मन शांत हो जाता है और आत्मा आजाद हो जाती है।

VERSE 17

अष्टोत्तरशतं नाम्नां बगलायास्तु यः पठेत् ।
रिपुबाधाविनिर्मुक्तः लक्ष्मीस्थैर्यमवाप्नुयात् ॥ १७ ॥

Aṣṭottaraśataṃ Nāmnāṃ Bagalāyāstu Yaḥ Paṭhet ।
Ripubādhāvinirmuktaḥ Lakṣmīsthairyamavāpnuyāt ॥ 17 ॥

अष्टोत्तरशतं नाम्नां शब्द का अर्थ है "108 नामा" अष्टोत्तरशत शब्द 'अष्ट' (आठ) + 'उत्तर' (बाद में) + 'शत' (सौ) से बना है, जो मिलकर 108 बनता है। 'रिपु' का अर्थ है 'शत्रु' और 'बाधा' का अर्थ है 'बाधा'। 'विनिर्मुक्तः' का अर्थ है 'मुक्त हो जाना'। इसलिए, यह भाग बताता है कि जो साधक बगलामुखी के 108 नामों का पाठ करता है, वह शत्रुओं की बाधाओं से मुक्त हो जाता है। 'लक्ष्मी' का अर्थ है 'धन और समृद्धि', और 'स्थैर्य' का अर्थ है 'स्थायित्व'। 'अवाप्नुयात्' का अर्थ है 'प्राप्त करना'। इस प्रकार, यह भाग बताता है कि साधक को स्थायी धन और समृद्धि प्राप्त होती है।

The seeker who recites 108 names of Baglamukhi becomes free from the obstacles of enemies. The seeker attains permanent wealth and prosperity..

कंपन की कुंजी: अष्टोत्तरशतनाम (108 नाम)

कल्पना कीजिए एक ऐसे भक्त की जो दीपक की धीमी रोशनी में बैठा है, उसका हृदय शुद्ध भक्ति से भरा है। जैसे ही वह 'अष्टोत्तरशतनाम'—माँ बगलामुखी के 108 पवित्र नाम—पढ़ना शुरू करता है, आसपास की हवा ही बदल जाती है। हर नाम सिर्फ एक शब्द नहीं है; यह एक शक्तिशाली ऊर्जा है, एक ऐसी विशेष चाबी जो माँ की दिव्य शक्ति के खजाने को खोलती है।

अंतिम नाम तक पहुँचते-पहुँचते, ये 108 चाबियाँ माँ की कृपा का एक बड़ा दरवाजा खोल देती हैं। यह अभ्यास एक पवित्र जुड़ाव है; अब साधक डर या कमी की ऊर्जा पर नहीं, बल्कि स्वयं माँ की सुनहरी आभा और फ्रीक्वेंसी पर कंपन कर रहा होता है।

आध्यात्मिक कवच: रिपुबाधा-विनिर्मुक्तः

सोचिए माँ की शक्ति से बनी एक सुनहरी और अभेद्य ढाल के बारे में, जो भक्त के चारों ओर बन जाती है। यह श्लोक वादा करता है कि जो इन नामों को पढ़ता है, वह 'रिपुबाधा-विनिर्मुक्त' हो जाता है—अर्थात, वह शत्रुओं और बाधाओं से पूरी तरह मुक्त हो जाता है।

हमारी दुनिया में 'दुश्मन' हमेशा लोग नहीं होते; वे नकारात्मक प्रभाव, जलन, कानूनी उलझनें और अपने अंदर के वे शक हैं जो हमें नीचे गिराना चाहते हैं। यह पाठ एक आध्यात्मिक कवच की तरह काम करता है। जैसे दीया जलने पर अंधेरे को भागना ही पड़ता है, वैसे ही दूसरों के द्वारा भेजे गए नकारात्मक इरादे माँ के नाम से घुल जाते हैं। साधक दुनिया में डर से पूरी तरह मुक्त होकर चलता है।

सोने की नींव: लक्ष्मीस्थैर्य

इसके अलावा, माँ यह पक्का करती हैं कि उनके भक्त का जीवन सुरक्षित ही न हो, बल्कि वह गहराई से पोषित भी हो। यह श्लोक 'लक्ष्मीस्थैर्यमवाप्नुयात्' का वादा करता है—यानी स्थिर धन और समृद्धि की प्राप्ति। हम सभी जानते हैं कि आज की दुनिया में पैसा एक 'रोलर कोस्टर' की तरह है, जो आता-जाता रहता है और हमें चिंता में डाल देता है। लेकिन माँ, जो ब्रह्मांड के खजाने की मालकिन हैं, एक अलग आशीर्वाद देती

हैं। यह पैसों के लिए भागदौड़ नहीं, बल्कि 'स्थैर्य' है—यानी सुख-साधनों की अटूट स्थिरता। यह वह शांति है जो तब आती है जब इंसान जानता है कि उसकी जरूरतें पूरी हैं, उसका परिवार सुरक्षित है और उसका रास्ता साफ है। जब हमारी भौतिक नींव माँ की कृपा पर टिकती है, तब हमें वह शांति मिलती है जिससे हम अपनी आत्मा की पुकार सुन सकें।

पवित्र समर्पण

यह अभ्यास सिर्फ नामों को बार-बार दोहराना नहीं है; यह आत्मा का गहरा जुड़ाव है। इन नामों को पढ़कर भक्त कहता है, "माँ, मैं अपनी लड़ाइयाँ और अपनी ज़रूरतें आपको सौंपता हूँ।"

हर नाम जीवन के अलग हिस्से को छूता है—स्वास्थ्य से लेकर वाणी तक, और जीत से लेकर शांति तक। माँ के 108 रूपों का आह्वान करके, साधक यह पक्का करता है कि उसके जीवन का कोई भी कोना अंधेरे में न रहे। यह पूरी तरह माँ की सुनहरी आभा में डूब जाने जैसा है, एक ऐसा समर्पण जो हमें सबसे बड़ी शक्ति देता है।

एक सुनहरे जीवन का वादा

इसलिए, इन नामों का नियमित जप करना एक बहुत ऊँचा आध्यात्मिक अभ्यास है। यह एक ऐसी मज़बूत सुरक्षा बनाता है जो हर मुश्किल में अडिग रहती है, और यह जीवन में ऐसी खुशहाली लाता है जो समय के साथ हमेशा और बढ़ती और निखरती जाती है।

यह भक्त को एक ऐसे जीवन की ओर ले जाता है जहाँ बाहरी शोर शांत हो जाता है और खुशहाली का संगीत बना रहता है। इन नामों के माध्यम से, माँ बगलामुखी हमें अपना हाथ थमाती हैं और हमें बाधाओं के जाल से निकालकर एक ऐसे जीवन में ले जाती हैं जहाँ स्थायी सुरक्षा, गहरी शांति और उनकी अनंत सुनहरी कृपा है।

VERSE 18

भूतप्रेतपिशाचाश्च ग्रहपीड़ानिवारणम् ।
राजानो वशमायांति सर्वैश्वर्यं च विन्दति ॥ १८ ॥

Bhūtapretapiśācāśca Grahapīḍaānivāraṇam ।
Rājāno Vaśamāyānti Sarvaiśvaryaṃ Ca Vindati ॥ 18 ॥

इस पाठ से भूत, प्रेत, पिशाच और ग्रहों की पीड़ा से रक्षा होती है, यानी नकारात्मक ऊर्जा और ग्रहों के दुष्प्रभावों से मुक्ति मिलती है। पाठ करने वाला राजाओं या उच्च अधिकारियों को अपने वश में कर लेता है और सभी प्रकार की ऐश्वर्य (समृद्धि) प्राप्त करता है।

This recitation provides protection from ghosts, spirits, vampires and planetary afflictions, that is, one gets freedom from negative energy and ill effects of planets. The reciter brings kings or high officials under his control and attains all kinds of opulence..

अदृश्य शक्तियों के खिलाफ किला: भूत-प्रेत-पिशाच

कल्पना कीजिए एक ऐसी दुनिया की जो हमारी आँखों से दिखने वाली सीमा से कहीं अधिक विशाल है—एक ऐसी वास्तविकता जहाँ ऊर्जाएँ विद्यमान हैं। ये ऊर्जाएँ कभी-कभी भारीपन या थकावट का अनुभव कराती हैं। श्लोक 'भूत-प्रेत-पिशाच' का उल्लेख करता है—ये वे ऊर्जाएँ हैं जो हमारे डर, भ्रम और झिझक से पोषण लेती हैं। हमारे लिए, ये अक्सर बीते हुए कल की यादों, वातावरण के जड़पन और भविष्य की चिंताओं के रूप में सामने आती हैं।

माँ के पवित्र नामों का श्रद्धापूर्ण पाठ इन शक्तियों के खिलाफ एक अभेद्य किला है। अपने हृदय से निकलती हुई एक सुनहरी चमकती ढाल की कल्पना करें, जो इतनी तीव्रता से स्पंदित हो रही है कि उसके सामने हर निम्न स्तर की ऊर्जा पिघल कर समाप्त हो जाती है। माँ के नाम एक 'दिव्य अग्नि' की तरह कार्य करते हैं, जो अवचेतन मन की उलझनों को जलाकर भस्म कर देते हैं और मानसिक शांति सुनिश्चित करते हैं। यह स्पष्ट है कि माँ की शक्ति ही सर्वोपरि है, जिसके आगे हर ऊर्जा नतमस्तक रहती है।

ग्रहों की चाल पर विजय: ग्रह-पीड़ा-निवारणम्

ब्रह्मांड में ग्रहों के निरंतर नृत्य की कल्पना करें। कभी-कभी, उनकी स्थिति चुनौतीपूर्ण प्रभाव लाती है, जिन्हें 'ग्रह-पीड़ा' कहा जाता है। अक्सर हम अपनी नियति को सितारों की भाषा में लिखा हुआ मानते हैं।

किंतु, माँ ब्रह्मांडीय नियमों की स्वामी हैं। श्लोक 'निवारणम्' (निवारण) का वादा करता है। जब माँ के नामों का पवित्र स्पंदन आपके आसपास भर जाता है, तो वे ग्रहों के चुनौतीपूर्ण प्रभाव को संतुलित कर देते हैं। ऐसा प्रतीत होता है मानो माँ आपके और ब्रह्मांड के बीच एक ढाल बनकर खड़ी हैं, जो सितारों की आवृत्तियों को इस प्रकार बदल देती हैं कि आप कठिन समय में भी सुगमता और कृपा के साथ आगे बढ़ते हैं।

माँ यह याद दिलाती हैं कि दिव्य शक्ति ही सर्वशक्तिमान है। वे हमारी जन्म कुंडली को एक बंधन की तरह नहीं, बल्कि सिर्फ एक पृष्ठभूमि की तरह बदल देती हैं, और अपनी कृपा के प्रकाश से हमारे भाग्य को स्वयं लिखती हैं।

अधिकार की आभा: राजानो वशमायान्ति

इसके अतिरिक्त, माँ की कृपा सत्ता के गलियारों तक पहुँचती है। 'राजानो वशमायान्ति' यह संकेत देता है कि राजा, उच्च अधिकारी और प्रभावशाली लोग साधक के प्रति अनुकूल और सहयोगी हो जाते हैं। यह किसी प्रकार के दबाव की कला नहीं है, बल्कि 'धर्म' का शक्तिशाली प्रभाव है।

एक ऐसे भक्त की कल्पना करें जो माँ के साथ अपने जुड़ाव के कारण एक शांत आत्मविश्वास, अखंडता और प्रकाश की आभा बिखेरता है, जिसे देखकर बड़े-बड़े नेता सहज ही सम्मान और सहयोग प्रदान करते हैं। जैसे फूल स्वतः ही सूर्य की ओर खिंचे चले आते हैं, वैसे ही आपकी उपस्थिति पेशेवर और सामाजिक व्यवहार में सद्भावना और सफलता का निमंत्रण बन जाती है। माँ आपको वह 'राजसी' गरिमा प्रदान करती हैं, जो बिना कहे ही सबका ध्यान अपनी ओर खींच लेती है। यह वह सत्य है कि जब हम माँ की दिव्य सत्ता में स्थित होते हैं, तो संसार स्वाभाविक रूप से हमारा सम्मान करता है।

जीवन की पूर्णता: सर्वैश्वर्यं च विन्दति

श्लोक का समापन एक शानदार और विस्तृत वादे के साथ होता है: 'सर्वैश्वर्यं च विन्दति'—अर्थात सभी प्रकार की समृद्धि की प्राप्ति। यह भक्ति का अंतिम परिणाम है।

जब हम 'समृद्धि' शब्द सुनते हैं, तो अक्सर हमारा ध्यान केवल बैंक खाते की ओर जाता है। लेकिन माँ की दृष्टि केवल अंकों तक सीमित नहीं है। 'ऐश्वर्य' एक गहरा शब्द है जिसमें धन से कहीं अधिक समाहित है; यह तीक्ष्ण बुद्धि की संपन्नता है। इसमें स्वस्थ शरीर का उत्साह, मधुर संबंधों का खजाना और मन की गहरी शांति शामिल है।

कल्पना करें कि आपका जीवन हर आयाम में खिल रहा है, जैसे एक जीवंत और महकता हुआ बगीचा जो निरंतर विकसित हो रहा है। आप केवल अस्तित्व की लड़ाई नहीं लड़ रहे हैं, बल्कि आप फल-फूल रहे हैं, और उस समृद्धि की नींव पर टिके हैं जिसे माँ ने स्वयं सुरक्षित किया है। यह वह जीवन है जिसे जीने के लिए हम इस धरा पर आए हैं: संतुलित, समृद्ध और ईश्वर के प्रति गहराई से समर्पित।

सामंजस्यपूर्ण क्षेत्र

अतः, माँ बगलामुखी के नामों का श्रद्धापूर्ण पाठ अदृश्य परछाइयों और ग्रहों के उतार-चढ़ाव के खिलाफ एक शक्तिशाली सुरक्षा कवच है। यह भौतिक क्षेत्र में गरिमा और सफलता का वातावरण बनाता है, साथ ही दिव्य समृद्धि को आपके जीवन में आकर्षित करता है।

मूल रूप से, यह श्लोक एक गहरा सत्य बताता है: पूर्ण सुरक्षा। माँ के पवित्र स्पंदनों की उपस्थिति में, नकारात्मक शक्तियों का प्रभाव शून्य हो जाता है, चुनौतीपूर्ण ग्रहों का प्रभाव भी सहायक बन जाता है, और सफलता के द्वार सहजता से खुल जाते हैं। माँ अपने भक्तों को एक ऐसे जीवन की ओर ले जाती हैं जहाँ वे उनकी शक्ति से संरक्षित हैं और उनकी कृपा से परिपूर्ण हैं। आप संसार में एक विजेता और प्रकाश के स्वरूप की भांति चलते हैं।

VERSE 19

नानाविद्यां च लभते राज्यं प्राप्नोति निश्चितम् ।
भुक्तिमुक्तिमवाप्नोति साक्षात् शिवसमो भवेत् ॥ १९ ॥

Nānāvidyāṃ Ca Labhate Rājyaṃ Prāpnoti Niścitam ।
Bhuktimuktimavāpnoti Sākṣāt Śivasamo Bhavet ॥ 19 ॥

इससे विभिन्न प्रकार की विद्याएँ प्राप्त होती हैं और राज्य (शासन या महत्वपूर्ण पद) की प्राप्ति निश्चित होती है। पाठ करने वाला भौतिक सुखों का भोग और मोक्ष (आत्मिक मुक्ति) दोनों प्राप्त करता है, और भगवान शिव के समान बन जाता है।

Through this, various types of knowledge are obtained and attainment of kingdom (rule or important post) is certain. The reciter attains both the enjoyment of material pleasures and moksha (spiritual liberation), and becomes equal to Lord Shiva..

ज्ञान के स्वामी: नानाविद्यां च लभते

कल्पना करें एक ऐसे दिमाग की जो पूरी तरह से चमकाए गए हीरे जैसा है, जो जीवन के हर रंग को प्रतिबिंबित करने में सक्षम है। श्लोक में वादा किया गया है—'नानाविद्यां च लभते'—यानी हर तरह के विविध और विशाल ज्ञान की प्राप्ति।

माँ की कृपा से आपकी बुद्धि तेज होती है और आपका अंतर्ज्ञान गहरा होता है। आप मुश्किल विज्ञान हो या वेदों के गहरे रहस्य, सबको चुटकियों में समझ लेते हैं! माँ आपकी सीखने की प्रक्रिया से सारी रुकावटें हटा देती हैं। चाहे कला में महारत हासिल करनी हो, तकनीक को समझना हो, या वेदों के रहस्य जानने हों—माँ ज्ञान के द्वार पूरी तरह खोल देती हैं, ताकि आप हमेशा ज्ञान के सुनहरे उजाले में रहें।

प्रभाव का सिंहासन: राज्यं प्राप्नोति निश्चितम्

उनकी शक्तिशाली ऊर्जा भौतिक दुनिया में 'राज्यं प्राप्नोति निश्चितम्' के रूप में सामने आती है—यानी ऊँचे पद और अधिकार की पक्की प्राप्ति। आज के दौर में यह 'राज्य' आपका करियर, आपका प्रभाव और समाज में आपका स्थान है।

सोचिए आप अपने क्षेत्र में स्वाभाविक रूप से आगे बढ़ रहे हैं, और आपके नेतृत्व के गुण एक सुनहरे फूल की तरह खिल रहे हैं। यह राज्य लालच या ताकत से नहीं, बल्कि माँ की कृपा से मिलता है क्योंकि उन्होंने आपको इसके योग्य बनाया है। आप दूसरों को गाइड करने, आगे बढ़ाने और प्रेरित करने की क्षमता पा लेते हैं, और ऐसी जिम्मेदारियों पर बैठते हैं जहाँ आपकी बातों में माँ की दिव्य शक्ति का वजन होता है। वह पक्का करती हैं कि आपकी सफलता 'शायद' वाली न हो, बल्कि वह एक 'निश्चित' बात हो!

पूर्ण चक्र: भुक्ति और मुक्ति

ज्यादातर आध्यात्मिक रास्ते कहते हैं कि आपको चुनना होगा: या तो दुनिया चुनिए या ईश्वर। लेकिन माँ की असीम करुणा इस बँटवारे को स्वीकार नहीं करती। वह 'भुक्तिमुक्तिमवाप्नोति' का वरदान देती हैं—यानी सांसारिक सुख (भुक्ति) और आत्मा की आजादी (मुक्ति) दोनों।

कल्पना करें एक ऐसे जीवन की जहाँ आप दुनिया की खूबसूरती, और सुखों का आनंद लेते हैं, पर आप उनके गुलाम नहीं बनते। आप अपनी मेहनत के फलों का आनंद लेते हैं और साथ ही अपनी आध्यात्मिक यात्रा पर भी आगे बढ़ते हैं। आप दुनिया में रहते हैं, पर दुनिया के मोह में नहीं उलझते। माँ आपके शरीर के लिए 'भोजन' और आत्मा के लिए 'अमृत' दोनों प्रदान करती हैं, जिससे आपको वह संपूर्ण संतुष्टि मिलती है जो आपको सीमाओं के चक्र से आजाद कर देती है।

अंतिम परिवर्तन: साक्षात् शिवसमो भवेत्

अंत में, हम उस वादे पर आते हैं जो इस स्तोत्र का सबसे गहरा हिस्सा है: 'साक्षात् शिवसमो भवेत्'—भक्त स्वयं भगवान शिव के समान हो जाता है। यह देवी की कृपा का सबसे ऊँचा शिखर है।

इसका मतलब यह नहीं कि आप कोई ऐसे भगवान बन जाते हैं जिसकी पूजा हो, बल्कि इसका मतलब है कि आपकी चेतना इतनी फैल जाती है कि वह शिव की तरह विशाल और शांत हो जाती है। आपका अहंकार माँ की सुनहरी रोशनी में पिघल जाता है, और आप ज्ञान, पूर्ण वैराग्य और अटूट आनंद के गुणों को धारण कर लेते हैं। जैसे पानी की एक बूँद को अहसास होता है कि वह खुद सागर ही है, वैसे ही आपका अस्तित्व ब्रह्मांडीय चेतना में विलीन हो जाता है। आप शांति और ज्ञान की ऐसी गहराई में पहुँच जाते हैं कि आप पृथ्वी पर ईश्वर का जीता-जागता रूप बन जाते हैं।

सुनहरा निष्कर्ष

इसलिए, माँ बगलामुखी के 108 नामों का पाठ एक परिपूर्ण जीवन जीने की असली चाबी है। यह हर तरह के ज्ञान के दरवाजे खोलता है, दुनिया में आपको आपका सही सम्मान दिलाता है, और जीवन के सुखों के साथ-साथ आत्मा की आजादी का सही संतुलन बनाता है।

अंत में, यह आपको उस पवित्र दहलीज पर ले जाता है जहाँ आप और ईश्वर दो नहीं, बल्कि एक हो जाते हैं। इन श्लोकों के माध्यम से, माँ अपने बच्चे का हाथ थामती हैं

और उसे दुनिया के शोर से निकालकर, सफलता के सिंहासन से होते हुए, शिव के शांत, अनंत हृदय में ले जाती हैं।

भाग 3

साधना, संबंध और और उनकी विरासत

माँ बगलामुखी, जो अद्भुत आध्यात्मिक शक्ति का प्रतीक हैं, प्रतिदिन असंख्य भक्तों को अपनी ओर खींचती हैं। यह देखना अत्यंत सामान्य है कि बड़े-बड़े अधिकारी और प्रभावशाली व्यक्तित्व भी माँ के मंदिरों में दर्शन करने आते हैं। यह उनकी शक्ति, विजय दिलाने और सुरक्षा प्रदान करने की क्षमता पर लोगों के अटूट विश्वास का जीवंत प्रमाण है। प्रतिदिन जो लोग माँ के पास अपनी अर्जी लेकर आते हैं और उनकी कृपा का अनुभव करते हैं, वह इस बात को दर्शाता है कि माँ का आशीर्वाद जीवन में कितना गहरा बदलाव लाता है। माँ के मंदिर भक्तों की सच्ची प्रार्थनाओं और अडिग विश्वास से सदैव गूंजते रहते हैं।

पूजा और साधना

जैसे दुनिया भर में भक्त अपने आराध्य देवों की पूजा करते हैं, वैसे ही माँ बगलामुखी की भी पूरी श्रद्धा के साथ भक्ति की जाती है। भक्ति की सबसे सुंदर बात यह है कि हर इंसान का माँ से जुड़ने का तरीका अलग और निजी होता है। चाहे आप विस्तृत अनुष्ठान करें, सरल प्रार्थना करें या शांत भाव से ध्यान करें—माँ के लिए आपकी सच्ची नीयत और समर्पण ही सबसे महत्वपूर्ण है। वास्तव में, पूरे विश्वास के साथ माँ का नाम लेना ही उनकी कृपा पाने के लिए पर्याप्त है।

मंत्र और पाठ के नियम

माँ बगलामुखी की शक्ति का असली सार उनके 'बीज मंत्रों' में है। इनमें सबसे मुख्य हैं: **'ह्लीं' (Hleem) और 'ह्रलीं' (Hlreem)।** 'ह्रलीं' मंत्र का बहुत विशेष महत्व है। यह मंत्र मणिपूर चक्र (दिव्य अग्नि और व्यक्तिगत शक्ति का केंद्र) की ऊर्जा को समेटे हुए है, विशुद्धि चक्र (शुद्धता और वाणी पर नियंत्रण का केंद्र) के साथ मेल बिठाता है, और

मूलाधार चक्र (आधार देने वाली ऊर्जा) से भी जुड़ा है। यह मंत्र सीधे उनकी 'स्तंभन' (कार्य को स्थिर करने) और 'वाक् स्तंभन' (वाणी पर नियंत्रण) की शक्ति को दर्शाता है। ये शक्तिशाली मंत्र उनकी दिव्य उपस्थिति का अनुभव करने की चाबी हैं।

हालाँकि यह शुरुआत करने के लिए एक बेहतरीन आधार है, लेकिन माँ को समर्पित और भी कई पवित्र मंत्र हैं। उन मंत्रों को बगलामुखी परंपरा के किसी योग्य गुरु से सीखना ही सबसे अच्छा होता है। ऐसे अनुभवी गुरु, जो बगलामुखी साधना में गहरे जुड़े हैं, वे ही सच्चे साधकों को सही मार्गदर्शन दे सकते हैं और इन मंत्रों के गहरे रहस्यों व सही उपयोग के बारे में बता सकते हैं।

इस किताब में हम 'बगलामुखी अष्टोत्तर शतनाम स्तोत्र' पर विशेष ध्यान केंद्रित कर रहे हैं—जो माँ के 108 पवित्र नामों का संग्रह है। इन नामों में इतनी शक्ति है कि हर कोई, बिना किसी कठिन नियम के, इन्हें पूरी श्रद्धा के साथ पढ़ सकता है। यहाँ तक कि इन नामों में से एक नाम का भी, जैसे **"पीतांबरा-पीतांबरा"** का सच्चे मन से जाप करना, जटिल मंत्रों के समान ही फलदायी माना जाता है।

माँ की कृपा पाने के लिए आपकी सच्ची भक्ति ही सबसे बड़ा मार्ग है। माँ बगलामुखी के कुछ प्रसिद्ध और व्यापक रूप से प्रचलित मंत्र निम्नलिखित हैं। मंत्र वे पवित्र ध्वनियाँ हैं जिनमें आध्यात्मिक शक्ति समाई होती है। वे माँ की आराधना का एक अनिवार्य हिस्सा हैं। उनका सबसे मुख्य मंत्र 'मूल मंत्र' है:

मूल मंत्र और उसका अर्थ

मंत्र: ॐ ह्लीं बगलामुखी सर्वदुष्टानां वाचं मुखं पदं स्तम्भय जिह्वां कीलय बुद्धिं विनाशय ह्लीं ॐ स्वाहा (Om Hleem Baglamukhi Sarvadushtanam Vacham Mukham Padam Stambhaya Jihvaam Keelaya Buddhim Vinashaya Hleem Om Swahaa)

मंत्र के प्रत्येक भाग का सरल अर्थ:

ॐ (Om): यह आदि ध्वनि है, वह ब्रह्मांडीय कंपन जिससे पूरी सृष्टि उपजी है। यह परम सत्य, यानी 'ब्रह्म' को दर्शाता है। यह एक पवित्र अक्षर है जो दिव्य ऊर्जा का आह्वान करता है और एक आध्यात्मिक वातावरण बनाता है।

ह्लीं (Hleem): यह माँ बगलामुखी का बीज मंत्र है। यह उनकी मूल ऊर्जा और शक्ति का सार है। इसमें नकारात्मक शक्तियों को स्तंभित करने (स्थिर करने) और नियंत्रित करने की क्षमता समाहित है।

बगलामुखी (Baglamukhi): यह देवी का नाम है। 'बगला' का अर्थ है 'बगुला' (जो एकाग्रता, स्थिरता और सटीक प्रहार का प्रतीक है), और 'मुखी' का अर्थ है 'मुख' या 'चेहरा'। इस प्रकार, बगलामुखी वह देवी हैं जिनके पास दूसरों की वाणी और कार्यों को रोकने या नियंत्रित करने की शक्ति है।

सर्वदुष्टानां (Sarvadushtaanam): इसका अर्थ है "सभी दुष्टों का" या "सभी बुरे इरादे रखने वालों का"। यह उन लोगों की ओर इशारा करता है जो नकारात्मक इरादे रखते हैं, नुकसान पहुँचाते हैं या दुर्भावनापूर्ण कार्य करते हैं।

वाचं (Vaacham): इसका अर्थ है "वाणी" या "आवाज़"।

मुखं (Mukham): इसका अर्थ है "मुँह" या "चेहरा", जो अभिव्यक्ति और संवाद की शक्ति को दर्शाता है।

पदं (Padam): इसका अर्थ है "पैर" या "चाल", जो गति, कार्यों और आगे बढ़ने की क्षमता को दर्शाता है।

स्तम्भय (Stambhaya): यह एक क्रिया है जिसका अर्थ है "स्तंभित करना", "स्थिर कर देना", "रोक देना" या "शक्तिहीन कर देना"।

जिह्वां (Jihvaam): इसका अर्थ है "जीभ", जो विशेष रूप से वाणी के माध्यम को दर्शाती है, जिसका उपयोग अक्सर नकारात्मक या हानिकारक शब्दों के लिए किया जाता है।

कीलय (Keelaya): इस क्रिया का अर्थ है "सील करना", "कीलना", "बाँधना" या "मौन कर देना"। यह पूरी तरह से शांत और नियंत्रित करने पर जोर देता है।

बुद्धिं (Buddhim): इसका अर्थ है "बुद्धि" या "समझ"।

विनाशय (Vinashaya): इस क्रिया का अर्थ है "नष्ट करना", "मिटाना" या "समाप्त करना"।

ह्लीं (Hleem): यह माँ की शक्ति पर जोर देने और मंत्र की ऊर्जा को सुदृढ़ करने के लिए दोहराया गया बीज मंत्र है।

ॐ (Om): आदि ध्वनि, जिसे मंत्र के अंत में दिव्य ऊर्जा के साथ पूर्ण करने के लिए दोहराया जाता है।

स्वाहा (Swahaa): यह वैदिक अनुष्ठानों के दौरान दिव्य अग्नि में दी जाने वाली आहुति है। मंत्रों में, यह अक्सर समर्पण, खुद को अर्पित करने, या दिव्य आशीर्वाद और मंत्र के उद्देश्य को पूरा करने का आह्वान करने का प्रतीक है।

मूल मंत्र का पूर्ण अर्थ: "हे माँ बगलामुखी! सभी दुष्टों की वाणी, मुख और चाल को रोक दें। उनकी जीभ को कील दें और उनकी बुरी बुद्धि का नाश करें।"

संक्षेप में कहें तो, यह मंत्र माँ बगलामुखी से की गई एक शक्तिशाली प्रार्थना है। हम उनसे यह निवेदन करते हैं कि वे उन लोगों को शांत और शक्तिहीन कर दें जो मन में बुराई रखते हैं, अपनी बातों से नकारात्मकता फैलाते हैं और नुकसान पहुँचाने वाले काम करते हैं। यह मंत्र उनकी कुबुद्धि और गलत सोच को नष्ट करने की भी कामना करता है। बीज मंत्र 'ह्लीं' का जाप माँ की ऊर्जा को बढ़ाता है, और 'ॐ' इसे एक दिव्य आधार देता है। 'स्वाहा' इस प्रार्थना को देवी को समर्पित करने और उनकी कृपा से इसे सफल बनाने की इच्छा का प्रतीक है। 'मूल मंत्र' को माँ बगलामुखी के सभी मंत्रों में सबसे बुनियादी और शक्तिशाली माना जाता है। यह उनकी संपूर्ण शक्ति का सार है और उनकी पूजा में सबसे मुख्य रूप से उपयोग किया जाता है।

सर्व कार्य सिद्धि मंत्र और उसका अर्थ

मंत्र: ॐ ह्रीं ऐं क्लीं श्रीं बगलानने मम रिपून नाशय-नाशय ममैश्वर्याणि देहि-देहि शीघ्रं मनोवञ्छितं कार्यं साधय-साधय ह्रीं स्वाहा (Om Hreem Aim Kleem Shreem Baglanane Mam Ripoon Naashye-Naashye Mamaishwaryaani Dehi-Dehi Sheeghram Manovanchhitam karya Saadhay-Saadhay Hreem Swahaa)

मंत्र के प्रत्येक भाग का सरल अर्थ:

ॐ (Om): यह आदि ध्वनि और ब्रह्मांडीय कंपन है, जो दिव्य ऊर्जा और शुभता का आह्वान करती है।

ह्रीं (Hreem): यह माँ बगलामुखी सहित कई देवियों से जुड़ा एक और शक्तिशाली बीज मंत्र है। यह दिव्य ऊर्जा, भ्रम (माया) को नष्ट करने वाली शक्ति और आध्यात्मिक जागृति का प्रतीक है। इसे अक्सर 'हृदय-बीज' मंत्र माना जाता है।

ऐं (Aim): जैसा कि पहले बताया गया है, यह बीज मंत्र सरस्वती माँ से जुड़ा है, जो ज्ञान, बुद्धि और कुशलता का प्रतीक है।

क्लीं (Kleem): यह बीज मंत्र भगवान कृष्ण और काली माँ से जुड़ा है। यह आकर्षण, इच्छा, पूर्णता और इच्छाओं को पूरा करने तथा ऊर्जा को बदलने की शक्ति का प्रतीक है।

श्रीं (Shreem): यह लक्ष्मी जी का शुभ बीज मंत्र है, जो धन, समृद्धि, सुख-समृद्धि और कल्याण का आह्वान करता है।

बगलानने (Baglanane): यह बगलामुखी का संबोधन रूप है, जिसका अर्थ है "हे बगलामुखी" (यहाँ 'आनने' का अर्थ 'मुख' है, जो उनके विशिष्ट रूप पर जोर देता है)।

मम (Mama): इसका अर्थ है "मेरा", जो प्रार्थना के व्यक्तिगत होने को दर्शाता है।

रिपून् (Ripoon): यह 'रिपु' शब्द का बहुवचन है, जिसका अर्थ है "दुश्मन", "विरोधी" या "बाधाएं"।

नाशये-नाशये (Naashaye-Naashaye): यह 'नाशयति' क्रिया का रूप है, जिसका अर्थ है "नष्ट करें" या "खत्म करें"। इसे दोहराना इस प्रार्थना की तीव्रता और तात्कालिकता को दर्शाता है।

ममैश्वर्याणि (Mamaishvaryani): यह "मम" (मेरा) और "ऐश्वर्याणि" (धन, शक्तियाँ, सुख-समृद्धि, गौरव) का मेल है। यह भौतिक और आध्यात्मिक समृद्धि और अधिकार पाने की इच्छा को दर्शाता है।

देहि-देहि (Dehi-Dehi): यह 'ददाति' क्रिया का रूप है, जिसका अर्थ है "दें" या "प्रदान करें"। इसे दोहराना आशीर्वाद पाने की गहरी इच्छा को दिखाता है।

शीघ्रं (Sheeghram): इसका अर्थ है "जल्दी", "फौरन" या "बिना किसी देरी के"।

मनोवञ्छितम् (Manovanchhitam): इसका अर्थ है "मन की इच्छा" या "दिल की मुराद"।

कार्य (Karya): इसका अर्थ है "काम", "कार्य" या "प्रयास"।

साधय-साधय (Sadhaya-Sadhaya): यह 'साधयति' का रूप है, जिसका अर्थ है "पूरा करें", "सफल बनाएं" या "सिद्ध करें"।

ह्रीं (Hreem): यह माँ बगलामुखी का शक्तिशाली बीज मंत्र है, जिसे जोर देने और माँ की ऊर्जा को फिर से स्थापित करने के लिए दोहराया जाता है।

स्वाहा (Swahaa): यह देवी को एक अर्पण है, जो समर्पण और मंत्र की शक्ति के आह्वान का प्रतीक है ताकि इच्छा पूरी हो सके।

सर्व कार्य सिद्धि मंत्र का पूर्ण अर्थ: "हे माँ बगलामुखी! मेरे दुश्मनों और बाधाओं का नाश करें। मुझे सुख, समृद्धि और वैभव प्रदान करें। मेरे मन की इच्छाओं को शीघ्र पूरा करें और मेरे कार्यों को सफल बनाएं।"

यह मंत्र माँ बगलामुखी से की गई एक बहुत शक्तिशाली प्रार्थना है। इसके माध्यम से हम जीवन की बाधाओं को दूर करते हैं, विरोधियों को शांत करते हैं, और भौतिक सुख-समृद्धि के साथ-साथ अपनी गहरी इच्छाओं की पूर्ति जल्दी और निश्चित रूप से पाते हैं। इसमें कई शक्तिशाली बीज मंत्रों का संगम है, जो हर क्षेत्र में सफलता पाने की इसकी क्षमता को और बढ़ा देता है।

माँ बगलामुखी का कोई भी मंत्र जपने से पहले, कई परंपराओं में भगवान गणेश के **'हरिद्रा गणपति'** रूप का ध्यान करने या उनका आह्वान करने की प्रथा है, ताकि ध्यान की राह में कोई बाधा न आए। इसके साथ ही, चारों दिशाओं से सुरक्षा पाने के लिए **'महामृत्युंजय भैरव'** का आह्वान किया जाता है। ध्यान रखें कि अलग-अलग परंपराओं में ये विधियाँ भिन्न हो सकती हैं। ये प्रथाएं परंपरा के अनुसार थोड़ी अलग हो सकती हैं, लेकिन उद्देश्य हमेशा शुद्ध और सुरक्षित साधना करना ही होता है।

बगलामुखी अष्टोत्तर शतनाम स्तोत्र पाठ के लिए दिशानिर्देश

समय: अपनी सुविधा का एक विशेष समय चुनें। भोर का शांत समय या संध्या की शांति, आध्यात्मिक प्रयासों के लिए सर्वोत्तम होती है। रात्रि 9 बजे से सुबह 4 बजे के बीच का समय बगलामुखी साधना के लिए विशेष रूप से शक्तिशाली माना जाता है, फिर भी आप अपनी दिनचर्या के अनुसार उस समय का चुनाव करें जिसमें आप पूरी तरह शांत और एकाग्र रह सकें।

पवित्रता: पवित्रता एक गहरा सम्मान का भाव है। ईश्वर के सानिध्य में जाने का अर्थ है अपनी चेतना को ऊँचे स्तर पर ले जाना। शारीरिक और मानसिक पवित्रता सांसारिक दुनिया और उस पवित्र स्थान के बीच एक सेतु की तरह कार्य करती है जिसे आप साधना के लिए बना रहे हैं।

शारीरिक स्नान: पाठ से पहले स्नान करना एक 'रिचुअल रीसेट' (अनुष्ठानिक शुद्धिकरण) है। वैदिक परंपरा में, जल केवल शरीर को ही स्वच्छ नहीं करता, बल्कि यह ऊर्जा का संवाहक भी है। स्नान दिनभर की थकान और तनाव को धोकर एक नई शुरुआत का प्रतीक है। यह भूमिका बदलने जैसा है—आप पेशेवर या सांसारिक कार्यों से बाहर निकलकर सीधे एक 'साधक' की भूमिका में प्रवेश करते हैं।

मानसिक शुद्धि: सच्ची पवित्रता शारीरिक शुद्धि से भी गहरी है; यह मन को धोने का अभ्यास है। पाठ शुरू करने से पहले, दिनभर की चिंताओं को जानबूझकर छोड़ दें। अपने मन को एक खाली पात्र की तरह समझें, जिसे आप माँ की कृपा के अमृत से भरना चाहते हैं। अंततः, स्वयं को शुद्ध करने का कार्य आपके अवचेतन मन को यह

संकेत देता है कि "यह समय दिव्य है।" आपकी एकाग्रता और माँ के प्रति आपकी निष्ठा ही वह कुंजी है जिसे माँ सबसे अधिक महत्व देती हैं।

आसन और दिशा: एक आरामदायक और स्थिर आसन पर बैठें। पूर्व दिशा की ओर मुख करना अत्यंत शुभ माना जाता है। पूर्व दिशा उगते सूर्य की दिशा है, जो अंधकार को मिटाने और प्रकाश के आगमन का प्रतीक है। पूर्व की ओर मुख करना आपकी आंतरिक चेतना को ब्रह्मांड के जागृति के लय के साथ जोड़ देता है।

पवित्र स्थान: साधना का मंदिर

एक पवित्र स्थान या 'स्थापना' बनाना, साधना की तैयारी का अंतिम चरण है। यह आपके रोजमर्रा के शोर और साधना की दिव्य शांति के बीच की सीमा रेखा है। जब आप एक वेदी सजाते हैं, तो आप केवल एक कोना नहीं, बल्कि एक ऐसा द्वार खोल रहे होते हैं जहाँ आप और ईश्वर के बीच का पर्दा पारदर्शी हो जाता है।

केंद्र बिंदु (यंत्र या चित्र): इस स्थान के केंद्र में माँ बगलामुखी का चित्र या यंत्र रखें। 'यंत्र' केवल एक प्रतीक नहीं, बल्कि माँ की चेतना का एक गणितीय नक्शा है। यह उनकी दिव्य ऊर्जा का केंद्रित स्वरूप है। इसे अपनी वेदी के हृदय में रखने से आप सीधे स्रोत से जुड़ जाते हैं। यह आपके भटकते मन के लिए एक सहारे की तरह कार्य करता है, जो आपकी दृष्टि और ध्यान को दुनिया की बाहरी चीजों से हटाकर केंद्र की ओर खींचता है।

ऊर्जा प्रयोगशाला: इस केंद्र बिंदु के आसपास का वातावरण अत्यंत महत्वपूर्ण है। आपकी वेदी एक 'ऊर्जा प्रयोगशाला' है जहाँ 'स्तंभन' की साधना की जाती है। एक साफ, शांत और समर्पित स्थान आपके अवचेतन मन को यह बताता है कि आप एक गंभीर आध्यात्मिक कार्य में लगे हैं।यह सुख-सुविधाओं या दिखावे के बारे में नहीं है; यह तो आपके भाव के बारे में है। एक साधारण स्थान भी, यदि देखभाल के साथ रखा जाए, तो वह गहरा स्पंदन पैदा करता है जो माँ की ऊर्जा से जुड़ने में सहायक होता है।

अनुकूल वातावरण: जब आप इस स्थान पर कदम रखें, तो अपने सभी सांसारिक दायित्वों—पेशेवर, माता-पिता या सामाजिक भूमिका—को छोड़कर केवल एक

साधक के रूप में खड़े हों। इस स्थान का नियमित उपयोग इसे एक 'बैटरी' की तरह चार्ज कर देता है। समय के साथ, यह स्थान स्वतः ही आपके मन को शांत करने में मदद करता है, जिससे सीमित चेतना और माँ की अनंत कृपा के बीच की दूरी मिट जाती है।

संकल्प: पाठ शुरू करने से पहले अपना इरादा (संकल्प) स्पष्ट रखें। आप इस साधना से क्या पाना चाहते हैं? सुरक्षा, परिस्थितियों पर विजय, या कोई विशेष इच्छा? इसे पहले ही अपने मन में स्पष्ट कर लें।

दिव्य संरक्षण का आह्वान

माँ बगलामुखी के सुनहरे तेज के सामने जाने से पहले, अपने 'स्वयं के घर' को व्यवस्थित करना आवश्यक है। माँ की शक्तिशाली ऊर्जा से जुड़ने के लिए, हमें पहले एक पवित्र परिवेश बनाना होगा।

गणेश जी: हम गणेश जी के स्मरण से शुरुआत करते हैं, जो बाधाओं को दूर करने वाली सार्वभौमिक ऊर्जा हैं। वे दिव्य द्वारपाल हैं जो हमारे मन के मनोवैज्ञानिक रास्तों को साफ करते हैं, ताकि भौतिक जीवन का घनत्व सत्य को देखने में बाधा न बने।

कुलदेवी और कुलदेवता: हम अपने कुल के देवी-देवताओं का आह्वान करते हैं, ताकि हम अपनी चेतना में विद्यमान देवी और पुरुष ऊर्जाओं का सम्मान कर सकें। ये हमारे पूर्वजों द्वारा रक्षित शक्तियां हैं। भले ही आपको उनके विशिष्ट नाम की जानकारी न हो, आपकी सच्ची श्रद्धा ही सर्वोपरि है।

मात्रा-पितृ देव (माता-पिता और पूर्वज): हम अपनी वंशावली के प्रति गहरा आभार व्यक्त करते हैं। हम अपने माता-पिता और पूर्वज का ही जीवित विस्तार हैं। यहाँ आभार व्यक्त करना हमारे आध्यात्मिक विकास के लिए खाद की तरह है। हम माता-पिता और पूर्वज द्वारा हुई भूलों और अपनी स्वयं की गलतियों के लिए क्षमा प्रार्थना भी करते हैं, ताकि कर्मों का बोझ हल्का हो सके।

भैरव जी: अंत में, हम भैरव जी की सुरक्षात्मक ऊर्जा का आह्वान करते हैं। यदि मन एक बिखरा हुआ कमरा है, तो भैरव जी उसे साफ करने में मदद करते हैं। अशुद्धियों को दूर

करने वाली ऊर्जा के रूप में, वे सर्वोत्तम रक्षक हैं, जो हमें माँ की तीव्र और परिवर्तनकारी कृपा को प्राप्त करने के योग्य बनाते हैं। और चूँकि एक साफ कमरे का असली आनंद तभी आता है जब वहां भरपूर रोशनी हो, इसलिए कई परंपराओं में **हनुमान जी** का भी आह्वान किया जाता है, जो शुद्ध और निर्मल चेतना का साक्षात स्वरूप हैं।

इन रक्षक शक्तियों द्वारा आंतरिक मार्ग साफ होने के बाद, आप केवल एक पाठक नहीं रहते; आप एक तैयार पात्र बन जाते हैं, जो माँ की सुनहरी आभा के सामने खड़ा होने के लिए पूर्णतः सुसज्जित है।

अर्पण की भाषा: पवित्र संबंध

अनुष्ठान आत्मा की कविता के समान हैं। माँ बगलामुखी को अर्पित की जाने वाली चीजें—पीले फूल, हल्दी, पीला वस्त्र, धूप और दीपक—केवल भौतिक वस्तुएं नहीं हैं, बल्कि ये एक पवित्र भाषा हैं। ये ईश्वर के साथ एक मौन संवाद हैं, जहाँ साधक अपने भीतर की अवस्था को इन जीवंत, सुनहरे प्रतीकों के माध्यम से व्यक्त करता है।

पीले रंग का जादू: जैसा कि हम जानते हैं, पीला रंग माँ की कृपा की आवृत्ति है। पीले फूल (पीत-पुष्प) और हल्दी अर्पित करना एक अद्भुत रूपांतरण है। हल्दी अपने शुद्धिकरण के गुणों के साथ मन को पवित्र करने का प्रतीक है, और पीला वस्त्र 'ज्ञान के परिधान' को दर्शाता है, जिसे हम अपनी इच्छाओं और संकल्पों पर ओढ़ते हैं।

धूप और दीपक: ये साधक की आंतरिक प्रक्रिया के गहरे रूपक हैं। धूपबत्ती का जलना अहंकार के पिघलने का प्रतीक है; जैसे धूप जलकर सुगंध बिखेरती है, वैसे ही हमारी कठोरता और अहंकार भक्ति की अग्नि में जलकर एक परिष्कृत चरित्र के रूप में उभरते हैं। इसी तरह, दीपक उस जागरूकता का प्रकाश है जो भ्रम के छँटने के बाद शेष रह जाता है।

ये भेंट गहरी और आंतरिक शरणागति के मूर्त प्रमाण हैं। ये आपकी भक्ति के प्रतीक हैं, जो माँ को यह संकेत देते हैं कि आप अतीत की भारी आदतों—जैसे द्वेष, संदेह और नकारात्मकता—को छोड़कर उनकी दीप्तिमान स्पष्टता को अपनाने के लिए तैयार हैं।

हम इन वस्तुओं को किसी सौदे के रूप में नहीं, बल्कि खुद को माँ की ऊर्जा के साथ जोड़ने के लिए अर्पित करते हैं। इन प्रतीकों से घिरे रहकर, आप अपने अवचेतन मन को यह संदेश देते हैं कि आप एक ऐसे स्थान में प्रवेश कर रहे हैं जहाँ अहंकार विलीन हो जाता है और दिव्य ऊर्जा आपका मार्गदर्शन करती है।

उच्चारण: देवी के नामों का उच्चारण स्पष्ट और शुद्ध रखें। यदि संभव हो, तो किसी योग्य गुरु से सही उच्चारण सीखें। स्पष्ट उच्चारण ऊर्जा को सही दिशा में प्रवाहित करता है।

जाप की संख्या: बगलामुखी देवी का 'अष्टोत्तर शतनाम स्तोत्र' भक्ति का एक खुला मंच प्रदान करता है। आप अपनी श्रद्धा के अनुसार इन 108 नामों का 1, 3, 11, 21, 51, 108 या उससे अधिक बार पाठ कर सकते हैं। यह आपकी भक्ति और माँ के साथ आपके व्यक्तिगत जुड़ाव पर निर्भर करता है।

भक्ति: अष्टोत्तर शतनाम का पाठ पूरी श्रद्धा (भक्ति) और एकाग्रता के साथ करें। यह पाठ केवल एक शारीरिक क्रिया नहीं है, बल्कि एक आध्यात्मिक अभ्यास है जो हृदय की गहराई से जुड़े होने की मांग करता है।

ध्यान का शिखर: उपस्थिति का अनुभव

ध्यान—अनुष्ठान और आध्यात्मिक उपलब्धि के बीच का पुल है। स्थान को शुद्ध करने, पात्र को पवित्र बनाने और अपनी नींव रखने के बाद, आप अपनी साधना के शिखर पर पहुँचते हैं। यहाँ अनुष्ठान की 'क्रिया' ईश्वर के साथ मिलन की 'अवस्था' में बदल जाती है।

माँ का अंतर्करण: ध्यान का अर्थ है माँ को वेदी से हटाकर अपने हृदय के भीतर स्थित करना। यह केवल एक चित्र को देखने का नाम नहीं है, बल्कि उनके स्वरूप, उनकी सुनहरी आभा और उनकी संप्रभु शांति को अपने भीतर समाहित करने की कला है। जब आप उन पर ध्यान केंद्रित करते हैं, तो आप वास्तव में अपनी बिखरी हुई चेतना को 'स्तंभित' (शांत) करने का अभ्यास कर रहे होते हैं। मन को माँ पर स्थिर करके,

आप बुद्धि के चंचल घोड़े को शांत करना सीखते हैं, जिससे उच्च चेतना का उदय होता है।

जाप का विस्तार: उनके पवित्र नामों का जाप इस ध्यान के लिए वाहन का कार्य करता है। हम इसे दो रूपों में अनुभव करते हैं:

मुखर जाप (वैखरी): नामों को बोलकर जपना। यह शुरुआती साधकों के लिए या जब मन चंचल हो, तब अत्यंत प्रभावी है। ध्वनि का कंपन बाहरी विकर्षणों के खिलाफ एक ढाल बनाता है और वातावरण को माँ की ऊर्जा से भर देता है।

मानसिक जाप (मानसिक): जैसे-जैसे मन शांत होता है, आप जाप को भीतर की ओर ले जाते हैं। यही वह अवस्था है जहाँ बगलामुखी की वास्तविक शक्ति प्रकट होती है। मानसिक जप मंत्र को आपकी चेतना की गहरी परतों में प्रवेश करने की अनुमति देता है, जो अवचेतन मन को शुद्ध करता है और मानसिक उलझनों को दूर करता है।

कृपा का अनुभव: ध्यान केवल शांति से बैठने की प्रतीक्षा नहीं है; यह एक सक्रिय जुड़ाव है। लक्ष्य केवल मंत्र जपना नहीं, बल्कि जाप के बाद आने वाली चुप्पी को सुनना है। उन मौन क्षणों में, आप माँ की दिव्य उपस्थिति का अनुभव करते हैं—एक ऐसी वास्तविकता जो गर्माहट से भरी और सर्वव्यापी है। यह वह क्षण है जहाँ भक्त और भगवान एक-दूसरे में विलीन होने लगते हैं।

अंततः, ध्यान आपकी पूजा को एक दोहराए जाने वाले अनुष्ठान से बदलकर एक जीवंत बातचीत बना देता है। इसी स्थिरता में, आप माँ की 'पूजा' करने से आगे बढ़कर अपने अस्तित्व के कण-कण में उनकी 'अनुभूति' करने की अवस्था तक पहुँच जाते हैं।

माँ बगलामुखी को समर्पित प्रमुख मंदिर

यद्यपि माँ बगलामुखी की पूजा पूरे भारत में कई स्थानों पर की जाती है, लेकिन उनके कुछ मंदिर विशेष रूप से प्रसिद्ध और महत्वपूर्ण हैं:

नलखेड़ा, मध्य प्रदेश स्थित बगलामुखी मंदिर: यह भारत के सबसे प्रसिद्ध बगलामुखी मंदिरों में से एक है। यह भक्तों के लिए तीर्थयात्रा का एक मुख्य केंद्र है और इसे एक प्रमुख शक्तिपीठ माना जाता है।

कामाख्या मंदिर परिसर, असम: माँ कामाख्या को समर्पित इस पावन मंदिर परिसर में माँ बगलामुखी का भी एक मंदिर है। यह शाक्त परंपरा में माँ बगलामुखी के उच्च महत्व को दर्शाता है।

बनखंडी, हिमाचल प्रदेश स्थित बगलामुखी मंदिर: यह भारत का एक अत्यंत महत्वपूर्ण और श्रद्धेय मंदिर है। इसे एक प्रमुख 'सिद्ध पीठ' माना जाता है। यहाँ बड़ी संख्या में भक्त बाधाओं और शत्रुओं पर विजय पाने के लिए माँ का आशीर्वाद लेने आते हैं।

उज्जैन, मध्य प्रदेश स्थित बगलामुखी मंदिर: यह मंदिर शिप्रा नदी के तट पर स्थित 'प्राचीन सिद्ध शनि शक्तिपीठ' का हिस्सा है, जो इसे बहुत खास बनाता है। महाकाल की नगरी में माँ की ऊर्जा शनि देव की ऊर्जा के साथ अद्भुत रूप से मिलती है। भक्त यहाँ विशेष रूप से ग्रहों के दोष से मुक्ति पाने और जटिल कानूनी मामलों को सुलझाने के लिए आते हैं। लोगों का अटूट विश्वास है कि यहाँ माँ के पास ग्रहों के अशुभ प्रभावों को 'स्तंभित' करने (रोकने) की विशेष क्षमता है।

हालाँकि पूरे भारत में देवी बगलामुखी के ये मंदिर और अन्य महत्वपूर्ण स्थान भक्ति के केंद्र हैं, लेकिन उनका सबसे सच्चा मंदिर भक्त का हृदय ही है।

दैनिक जीवन में माँ बगलामुखी से जुड़ाव

माँ बगलामुखी से जुड़ना केवल मंदिरों में की जाने वाली औपचारिक पूजा तक ही सीमित नहीं है। आप अपने रोजमर्रा के जीवन के हर पल में उनकी दिव्य ऊर्जा को शामिल कर सकते हैं। यह जुड़ाव इतना सरल है कि आप इसे अपने दिन के किसी भी हिस्से में महसूस कर सकते हैं।

नाम और मंत्रों का निरंतर जाप: आप माँ के 108 पवित्र नामों (अष्टोत्तर शतनाम स्तोत्र) का पाठ कभी भी और कहीं भी कर सकते हैं। यदि आप मंत्रों में दीक्षित नहीं हैं, तो बस प्यार और श्रद्धा से **"पीतांबरा-पीतांबरा"** नाम का जाप करना ही पर्याप्त है। यह नाम जपना माँ के साथ एक निरंतर तार जोड़े रखने जैसा है।

ध्यान का आनंद: दिन में थोड़ा समय निकालकर ध्यान करें। आप माँ के दिव्य स्वरूप की कल्पना कर सकते हैं, उनके गुणों पर विचार कर सकते हैं, या बस चुपचाप बैठकर उनकी शांत ऊर्जा को अपने भीतर महसूस कर सकते हैं। ध्यान ही वह खिड़की है जिससे माँ की ऊर्जा हमारे मन में प्रवेश करती है।

सुरक्षा की कल्पना: अपने दैनिक जीवन की चुनौतियों के बीच, माँ की सुनहरी आभा की कल्पना करें। आप यह महसूस करें कि उनकी शक्ति आपके चारों ओर एक मजबूत ढाल की तरह खड़ी है। यह कल्पना आपको हर स्थिति में सुरक्षित और निडर बनाए रखती है।

प्रेमपूर्ण प्रार्थना: माँ से प्रतिदिन बातें करें। यह एक मित्र से संवाद करने जैसा है—आप उन्हें अपनी दिनभर की बातें बता सकते हैं, उनसे सही रास्ता दिखाने की प्रार्थना कर सकते हैं, या बस उनके आशीर्वाद के लिए आभार व्यक्त कर सकते हैं। माँ आपकी हर बात को बहुत प्रेम से सुनती हैं।

सदाचारी जीवन ही सच्ची पूजा है: माँ बगलामुखी से जुड़ने का सबसे उत्तम तरीका है उनके गुणों को अपने जीवन में उतारना। सच बोलना, अपनी वाणी पर संयम रखना और हमेशा सही रास्ता चुनना—यही उनके दिव्य सिद्धांतों को जीना है। जब आप

अपने व्यवहार में माँ की तरह स्पष्टता और शक्ति लाते हैं, तो आप स्वतः ही उनके साथ गहराई से जुड़ जाते हैं।

भाग 4

बगलामुखी और चक्र विज्ञान

चक्र प्रणाली और उनकी भूमिका का परिचय

चक्र प्रणाली, पूर्वी आध्यात्मिक समझ का एक मुख्य आधार है, जो रीढ़ की हड्डी के साथ स्थित सात मुख्य ऊर्जा केंद्रों का वर्णन करती है। ये महत्वपूर्ण केंद्र 'प्राण' के लिए रास्ता बनाते हैं, जो जीवन शक्ति है और हमें जीवित रखती है। आधार से शुरू करें तो मूलाधार चक्र (रूट चक्र) है, जो हमें स्थिरता और जीने की शक्ति देता है। ऊपर बढ़ते हुए, पेट के निचले हिस्से में स्वाधिष्ठान चक्र (सैक्रल चक्र) है, जो रचनात्मकता और भावनाओं को नियंत्रित करता है; पेट के ऊपरी हिस्से में मणिपुर चक्र (सोलर प्लेक्सस चक्र) है, जो व्यक्तिगत शक्ति और आत्मविश्वास को बढ़ाता है; और छाती में अनाहत चक्र (हार्ट चक्र) है, जो प्रेम और करुणा का स्रोत है।

ऊपर की ओर चलते हुए विशुद्धि चक्र (थ्रोट चक्र) है, जो संवाद और सच्चाई की आवाज़ है; भौहों के बीच आज्ञा चक्र (थर्ड आई चक्र) है, जो अंतर्ज्ञान और बुद्धि का स्थान है; और अंत में सिर के ऊपर सहस्रार चक्र (क्राउन चक्र) है, जो हमें आध्यात्मिक चेतना से जोड़ता है। ये ऊर्जा केंद्र हमारे पूरे शरीर में प्राण के बहाव को नियंत्रित करने में सहायक हैं, जो हमारे शारीरिक स्वास्थ्य, भावनात्मक संतुलन और आध्यात्मिक जुड़ाव पर गहरा असर डालते हैं। इन चक्रों का संतुलन और तालमेल सद्भाव और जीवन शक्ति को बढ़ाता है, जबकि रुकावट या असंतुलन से कई शारीरिक, मानसिक और आध्यात्मिक समस्याएं हो सकती हैं।

माँ बगलामुखी का विशिष्ट चक्रों से संबंध

माँ बगलामुखी, दस महाविद्याओं में से एक होने के नाते, मानव शरीर के भीतर के सूक्ष्म ऊर्जा केंद्रों से गहराई से जुड़ी हैं जिन्हें चक्र कहा जाता है। उनकी ऊर्जा और

साधना मुख्य रूप से मूलाधार चक्र (रूट चक्र), मणिपुर चक्र (सोलर प्लेक्सस चक्र) और विशुद्धि चक्र (थ्रोट चक्र) से जुड़ी हुई हैं।

यहाँ इन ऊर्जा केंद्रों के साथ उनके संबंध का विवरण दिया गया है:

1. मूलाधार चक्र (रूट चक्र):

स्थान: रीढ़ की हड्डी के आधार पर स्थित।

गुण: ज़मीन से जुड़ाव, सुरक्षा, स्थिरता, जीवित रहने की प्रवृत्ति और भौतिक दुनिया से संबंध का प्रतीक है।

माँ बगलामुखी का प्रभाव: सीधे तौर पर, माँ बगलामुखी की सुरक्षा देने और खतरों को दूर करने की क्षमता सुरक्षा और स्थिरता के भाव को बढ़ाती है, जो एक संतुलित मूलाधार चक्र के बुनियादी पहलू हैं। बाधाओं और दुश्मनों को हराकर, उनकी पूजा जीवन में सुरक्षा और ज़मीन से जुड़ाव का अनुभव कराती है।

2. मणिपुर चक्र (सोलर प्लेक्सस चक्र):

स्थान: नाभि क्षेत्र में स्थित।

गुण: व्यक्तिगत शक्ति, आत्मविश्वास, इच्छाशक्ति, साहस, दृढ़ता और कार्य करने तथा बाधाओं को पार करने की क्षमता का प्रतीक है। यह अग्नि तत्व और पीले/सुनहरे रंग से जुड़ा है, जो माँ बगलामुखी के लिए भी महत्वपूर्ण हैं।

माँ बगलामुखी का प्रभाव: माँ बगलामुखी को अक्सर सुनहरे सिंहासन पर बैठा दिखाया जाता है, जो सत्ता और अधिकार पर उनके प्रभुत्व का प्रतीक है, जो मणिपुर चक्र की ऊर्जा के अनुरूप है। उनकी पूजा और नाम जाप इस चक्र को सक्रिय और संतुलित करते हैं, जिससे चुनौतियों और दुश्मनों को जीतने के लिए आंतरिक शक्ति बढ़ती है।

3. विशुद्धि चक्र (थ्रोट चक्र):

स्थान: गले के क्षेत्र में स्थित।

गुण: संवाद, आत्म-अभिव्यक्ति, सच्चाई और वाणी की शक्ति को नियंत्रित करता है। यह आकाश तत्व और नीले रंग से जुड़ा है।

माँ बगलामुखी का प्रभाव: वाणी को नियंत्रित और स्थिर करने वाली देवी के रूप में, माँ बगलामुखी का विशुद्धि चक्र से गहरा संबंध है। दुश्मनों को चुप कराने और वाणी को स्थिरता में बदलने की उनकी शक्ति सीधे इस चक्र की ऊर्जा से जुड़ी है। उनकी पूजा से विशुद्धि चक्र शुद्ध होता है, जिससे संवाद में स्पष्टता, सच बोलने का साहस और खुद को प्रभावी ढंग से व्यक्त करने की क्षमता मिलती है। कुछ परंपराओं में माँ बगलामुखी साधना के दौरान कुंडलिनी ऊर्जा को गले के चक्र तक ऊपर उठाने का भी उल्लेख है।

अन्य संभावित संबंध

4. आज्ञा चक्र (थर्ड आई चक्र):

स्थान: दोनों भौहों के बीच स्थित।

गुण: अंतर्ज्ञान, बुद्धि, अंतर्दृष्टि, मानसिक क्षमताओं और सूक्ष्म वास्तविकताओं की धारणा को नियंत्रित करता है।

माँ बगलामुखी का प्रभाव: अज्ञानता, भ्रम और उलझन को दूर करने में माँ बगलामुखी की भूमिका आज्ञा चक्र के कार्यों के अनुरूप है। नकारात्मकता को शांत करके और सच्चाई को उजागर करके, वह उस मानसिक उलझन को साफ करने में मदद करती हैं जो अंतर्ज्ञान और स्पष्ट दृष्टि में बाधा डालती है। कुछ परंपराएं उन्हें "तीसरी आंख" खोलने से जोड़ती हैं, जिससे गहरी समझ और ऊपरी दिखावे के पार देखने की क्षमता मिलती है। माँ बगलामुखी साधना में सच्चाई पर ध्यान और स्पष्टता के लिए बाधाओं को दूर करना अप्रत्यक्ष रूप से आज्ञा चक्र को उत्तेजित और संतुलित कर सकता है।

5. अनाहत चक्र (हार्ट चक्र):

स्थान: छाती के बीच में स्थित।

गुण: प्रेम, करुणा, सहानुभूति, क्षमा और जुड़ाव का प्रतीक है। यह भावनात्मक संतुलन और उपचार का केंद्र है।

माँ बगलामुखी का प्रभाव: हालांकि यह सीधा प्राथमिक संबंध नहीं है, लेकिन माँ बगलामुखी की पूजा से पैदा होने वाला साहस और आंतरिक शक्ति व्यक्ति को सच्चाई और दृढ़ विश्वास के साथ कार्य करने के लिए सशक्त बनाती है, जो एक स्वस्थ हृदय चक्र के अनिवार्य पहलू हैं। माँ बगलामुखी की कृपा से भय और नकारात्मकता को दूर करने से, प्रेम, क्षमा और करुणा के पनपने के लिए अधिक जगह बनती है। इसके अलावा, माँ बगलामुखी की मदद लेने के पीछे का इरादा - अक्सर खुद को या दूसरों को नुकसान से बचाने के लिए - कल्याण और सद्भाव की इच्छा में निहित हो सकता है, जो अनाहत चक्र की ऊर्जा के साथ प्रतिध्वनित होता है। यह दिव्य ऊर्जा केवल बाहरी सुरक्षा ही नहीं, बल्कि एक उत्प्रेरक के रूप में कार्य करती है, जो हमारे भीतर के अहंकार को पिघलाकर प्रेम के शुद्ध स्वरूप को प्रकट करती है। इस प्रकार, माँ की कृपा हमें एक ऐसे जीवन की ओर ले जाती है जहाँ हर क्षण करुणा और शांति का स्पंदन अनुभव किया जा सकता है।

6. स्वाधिष्ठान चक्र (सैक्रल चक्र):

स्थान: पेट के निचले हिस्से में स्थित।

गुण: रचनात्मकता, कामुकता, भावनाओं और आनंद लेने की क्षमता को नियंत्रित करता है।

माँ बगलामुखी का प्रभाव: यहाँ संबंध कम प्रत्यक्ष है। हालांकि, माँ बगलामुखी के आशीर्वाद से प्राप्त आंतरिक शक्ति और आत्मविश्वास व्यक्ति को अपनी रचनात्मकता को व्यक्त करने और अधिक प्रामाणिकता के साथ अपनी भावनाओं को अपनाने के

लिए सशक्त बना सकता है, जो अप्रत्यक्ष रूप से स्वाधिष्ठान चक्र को प्रभावित करता है।

7. सहस्रार चक्र (क्राउन चक्र):

स्थान: सिर के सबसे ऊपरी हिस्से पर स्थित।

गुण: आध्यात्मिक जुड़ाव, आत्मज्ञान और सार्वभौमिक चेतना का प्रतीक है।

माँ बगलामुखी का प्रभाव: अंततः, किसी भी आध्यात्मिक अभ्यास का लक्ष्य परमात्मा से जुड़ना है। बाधाओं को दूर करके और आंतरिक शक्ति और स्पष्टता प्रदान करके, माँ बगलामुखी की पूजा एक गहरे आध्यात्मिक जुड़ाव के लिए रास्ता तैयार कर सकती है, जो अप्रत्यक्ष रूप से सहस्रार चक्र को खोलने और संतुलित करने में सहायक होती है।

यह याद रखना महत्वपूर्ण है कि चक्र प्रणाली आपस में जुड़ी हुई है, और किसी विशेष देवता का प्रभाव कई ऊर्जा केंद्रों पर हो सकता है। हालांकि माँ बगलामुखी का प्राथमिक प्रभाव अक्सर मूलाधार, मणिपुर और विशुद्धि चक्रों में महसूस किया जाता है, लेकिन उनकी शक्तिशाली ऊर्जा पूरे ऊर्जा शरीर को सकारात्मक रूप से प्रभावित कर सकती है, जो साहस, स्पष्टता, सुरक्षा और अंततः, परमात्मा के साथ एक मजबूत जुड़ाव को बढ़ावा देती है।

चेतना की संरचना पर एक टिप्पणी

साधक के लिए यह समझना महत्वपूर्ण है कि रीढ़ के भीतर चक्रों को कमल-केंद्रों के रूप में पारंपरिक चित्रण एक शिक्षण उपकरण है—एक ऐसा नक्शा जिसे मुख्य रूप से ध्यान के लिए डिज़ाइन किया गया है, न कि एक कठोर शारीरिक खाका। विविध शास्त्र अलग-अलग दृष्टिकोण प्रदान करते हैं, जो यह खुलासा करते हैं कि ये, वास्तव में, मानव स्थिति के मनोवैज्ञानिक और शारीरिक परिदृश्य हैं। इन केंद्रों का क्रम परंपराओं के अनुसार भिन्न हो सकता है। उदाहरण के लिए, ललिता सहस्रनाम हमें एक अधिक शारीरिक व्याख्या के लिए आमंत्रित करता है, जो सूक्ष्म केंद्रों को सीधे शरीर के ऊतकों

पर अंकित करता है: "यह त्वचा को विशुद्धि, रक्त को अनाहत, मांस को मणिपुर, वसा को स्वाधिष्ठान और हड्डियों को मूलाधार के रूप में पहचानता है। यह गहरा दृष्टिकोण हमें रूपक से परे देखने का आग्रह करता है; यह सुझाव देता है कि चक्र कहीं दूर, ईथर में स्थित रहस्यमय बिंदु नहीं हैं, बल्कि हमारे अपने देवत्व की जीवित, सांस लेती, जैविक वास्तविकता हैं। यहाँ, चेतना केवल शरीर में 'निवास' नहीं करती—यह हमारे अस्तित्व के रसायन और संरचना के रूप में खुद को व्यक्त करती है।

आज के दौर में माँ बगलामुखी: आधुनिक चुनौतियों का समाधान

आज की भागदौड़ भरी और उलझी हुई दुनिया में, माँ बगलामुखी का प्राचीन ज्ञान और उनकी दिव्य शक्ति हमें बहुत ही उपयोगी मार्गदर्शन प्रदान करती है। नकारात्मकता को शांत करने, परिस्थितियों को नियंत्रित करने और कठिन समय को अनुकूल बनाने की उनकी शक्ति आज के आधुनिक जीवन के हर क्षेत्र में मददगार है। जब विवाद बढ़ते हैं, तो उनकी ऊर्जा का आह्वान करने से अशांति दूर होती है और आपसी समझ बढ़ती है। उनकी कृपा से हम जीवन की बड़ी-बड़ी चुनौतियों का सामना शांति और धैर्य के साथ करना सीखते हैं। उनकी दिव्य मौन शक्ति के साथ हम हर तरह की उथल-पुथल को स्पष्टता और सफलता में बदलने की कला सीख जाते हैं।

जो लोग बड़ी बाधाओं और लगातार आने वाली परेशानियों से जूझ रहे हैं, उनके लिए माँ बगलामुखी के साथ जुड़ना बहुत लाभकारी है। वे भीतर की वह अटूट शक्ति और दृढ़ संकल्प प्रदान करती हैं, जिससे हर मुश्किल आसान हो जाती है। उनकी ऊर्जा नकारात्मक विचारों को दूर करके सकारात्मकता का मार्ग खोलती है, जिससे जीवन में बेहतर परिणाम प्राप्त होते हैं। माँ की शरण में रहना एक सुरक्षा कवच की तरह है, जो बाहरी नकारात्मक प्रभावों और हानिकारक ऊर्जाओं से हमारी रक्षा करता है और हमें सुरक्षित महसूस कराता है।

आज के तेज रफ्तार जीवन में माँ बगलामुखी की ऊर्जा बहुत प्रभावी है। यह जीवन की बाधाओं को पार करने और अपने लक्ष्यों को पाने के लिए हमें स्पष्टता और सही दिशा देती है। वे हमें वह शक्ति और इच्छाशक्ति प्रदान करती हैं, जिससे हम अपने सपनों के रास्ते में आने वाली हर रुकावट को पार कर सकते हैं। विवादों या कठिन स्थितियों में उनकी कृपा हमें सही सोचने की शक्ति और आत्मविश्वास देती है, जिससे हम न्यायपूर्ण और प्रभावी समाधान निकाल पाते हैं। उनकी शक्ति के साथ जुड़कर, व्यक्ति अपनी छिपी हुई क्षमताओं को अनलॉक कर सकता है और अपने हर कार्य में सफलता प्राप्त कर सकता है।

इसके अलावा, माँ बगलामुखी के प्रति सच्ची निष्ठा हमारे व्यक्तित्व में एक अद्भुत और गहरा सकारात्मक बदलाव लाती है। वे हमारे भीतर भरपूर आत्मविश्वास, साहस और धैर्य का संचार करती हैं, ताकि हम जीवन के उतार-चढ़ाव का मुस्कुराकर और मजबूती

के साथ सामना कर सकें। उनकी कृपा का प्रभाव हमारी वाणी पर भी पड़ता है। वे हमें अपनी बात को अधिक स्पष्टता और प्रभावशाली ढंग से रखने की कला सिखाती हैं, जो हमारे व्यक्तिगत विकास और जीवन के सर्वांगीण उत्थान के लिए बहुत आवश्यक है।

अंतिम संदेश: माँ का आशीर्वाद

माँ बगलामुखी एक अद्भुत और शक्तिशाली महाविद्या हैं। वे 'स्तंभन' की दिव्य शक्ति से नकारात्मकता को शांत करने और उसे सकारात्मक दिशा में मोड़ने में निपुण हैं। विजय प्रदान करने वाली देवी के रूप में, वे सभी विरोधियों को शांत करती हैं और कठिन परिस्थितियों को अपने अनुकूल बना लेती हैं। उनकी पूजा सुरक्षा, विपरीत समय में जीत हासिल करने और जीवन की सभी रुकावटों को आसानी से दूर करने के लिए की जाती है। माँ बगलामुखी की दिव्य ऊर्जा से जुड़ना जीवन में सुखद और सकारात्मक बदलाव लाता है। यह जुड़ाव आत्मविश्वास, आंतरिक शक्ति और जीवन की चुनौतियों को साहस के साथ पार करने का साहस प्रदान करता है।

इसलिए, सच्ची भक्ति और माँ की शक्ति को ग्रहण करने का भाव आपके जीवन में गहरे सकारात्मक बदलाव की शुरुआत करता है। उनकी शक्तिशाली ऊर्जा को अपने जीवन में शामिल करके, आप अपनी छिपी हुई क्षमता को पहचान सकते हैं, अपने सभी लक्ष्यों को प्राप्त कर सकते हैं और जीवन में पूर्णता व विकास का अनुभव कर सकते हैं।

माँ बगलामुखी की अद्भुत ऊर्जा को पूरे मन और सच्ची निष्ठा से अपनाएं। उनके साथ गहरा जुड़ाव एक शक्तिशाली ऊर्जा के द्वार खोलता है। यह आपको अपनी सीमाओं से ऊपर उठने, हर बाधा को पार करने और जीवन के हर पहलू में सकारात्मकता लाने की शक्ति देता है। माँ बगलामुखी का आशीर्वाद सदैव आपके साथ रहे और वे आपको विजय, सफलता और एक सुखद व मंगलमय जीवन की ओर ले जाएं।

लेखिका के बारे में

लेखिका, **दीपिका**, कंपनी सेक्रेटरीशिप (सी एस), कॉमर्स (एम.कॉम (बीपी एंड सीजी)), और कानून (एलएल.बी) में एक मजबूत पृष्ठभूमि रखती हैं। आध्यात्मिकता में उनकी गहरी रुचि उनके लेखन को प्रेरित करती है, जिससे उन्हें उम्मीद है कि यह उपदेशात्मक हुए बिना सशक्त मार्गदर्शन प्रदान करेगा।

अपने पेशेवर जीवन से परे, दीपिका को पढ़ने, लिखने, प्रकृति और बच्चों के साथ समय बिताने में आनंद आता है। दूसरों की मदद करने के प्रति उनका समर्पण महाविद्याओं के उनके अध्ययन और चक्र ध्यान, ईएफटी, और हो'ओपोनोपो जैसे वैकल्पिक उपचार विधियों के अभ्यास में भी झलकता है। पूछताछ के लिए, आप उनसे **contact@aroradeepika.com** पर संपर्क कर सकते हैं।

कृतज्ञता

मेरे अद्भुत पाठकों को,

आप सभी के प्रति मेरी असीम कृतज्ञता है जिन्होंने मेरी किताब के पन्ने खोले। आपका समर्पण और रुचि मेरे लिए प्रेरणा का एक गहरा स्रोत है, और मैं वास्तव में सम्मानित महसूस करती हूँ कि आपने मेरे शब्दों को अपने अनुभव में शामिल किया।

एक किताब का निर्माण एक साझा यात्रा है, और यह आप जैसे पाठकों की अमूल्य उपस्थिति से ही बनी रहती है। इस यात्रा में शामिल होने और इन कहानियों को अपनी आवाज़ खोजने में मदद करने के लिए धन्यवाद।

मैंने हर पंक्ति में अपना दिल लगाया है, इस सच्ची आशा के साथ कि इसमें निहित विचार और अंतर्दृष्टि आपके लिए कुछ महत्वपूर्ण प्रेरित करेंगी। यह जानकर मुझे गहरी संतुष्टि मिलेगी कि आपको व्यावहारिक मार्गदर्शन, प्रेरणा का एक क्षण, या यहां तक कि सिर्फ एक विचार भी मिला जिस पर आप मंथन कर सकें। मैं आपको अपने विचार और समीक्षाएं साझा करने या **contact@aroradeepika.com** पर ईमेल के माध्यम से मुझसे जुड़ने के लिए प्रोत्साहित करती हूँ।

एक बार फिर, मेरा हार्दिक धन्यवाद। आपका समर्थन अमूल्य है,और मुझे पूरी उम्मीद है कि मेरे शब्दों ने आपके जीवन में सकारात्मक योगदान दिया।

गहरी सराहना के साथ,

दीपिका

www.ingramcontent.com/pod-product-compliance
Lightning Source LLC
LaVergne TN
LVHW102011210926
848483LV00011B/254